改訂新版

# まるごと
# 授業 理科 3年

喜楽研の
QRコードつき授業シリーズ

板書と授業展開が
よくわかる

著者：中村 幸成・平田 庄三郎・横山 慶一郎

企画・編集：原田 善造

わかる喜び学ぶ楽しさを創造する教育研究所　略称 喜 楽 研

# はじめに

　このたび,「まるごと授業　理科」全4巻(3年～6年)を新しい形で刊行することになりました。また,現行の「まるごと授業シリーズ」も多くの先生方に手にとって頂き,日々の実践に役立てて頂いていることをうれしく思っております。

　この「まるごと授業　理科」は,理科の1時間1時間の授業で「何を」学ばせ,それを「どう」教えるのかをできるだけ具体的な形で提示し,参考にして頂こうとしたものです。理科の授業にも,いくつかパターン(型)があります。「問題→予想→実験→結果→考察」という流れもその一つです。また,子どもから出される考えも,多様でありながら共通するところもあります。これらを具体的に示すため,先生がどのような発問や指示,説明をし,それに対して子どもたちはどう考え話し合うのか,両者の言葉を柱にして記述しています。この言葉の交流から,授業のイメージとともに,思考を促す発問のあり方や,子どもの考えの傾向も読みとって頂けるかと思います。

　それから,1時間の授業を,板書の形で視覚的にも表すようにしています。板書は計画的になされるものですが,その一方で,授業の流れに沿って先生と子どもと共に作っていくものです。目の前の事物や現象と言葉とをつなぎ,児童の思考を助けるのが板書です。板書を見れば,その1時間何をどう学んだのか,学びの全体像とその道筋がわかるといわれます。板書は授業の足跡であるのです。

　今回の改訂では,このようなこれまでの「まるごと授業　理科」の特長を引き継ぐとともに,その記述を再検討し修正を加えました。また,板書も見直し,より授業に沿った形に書き改めたところもあります。また,理科は環境や防災をはじめ,現代的な課題とも関わる教科です。

　ICT教育への対応として,QRコードを読み込めるよう配慮しました。各授業時間のページにあるQRコードには,様々な植物や昆虫などの画像,実験などの動画,観察カードなどが入っており,児童のタブレットに配信したり,テレビや電子黒板などに映し出して利用することができます。台風時の雲の動きなど,子どもが直接体験できないような事実・現象などを知る上で活用できます。

　小学校においても,理科教育の核(中心)に当たるのは,やはり「自然科学の基礎的な事実や法則(きまり)を学ぶ」ことだといえます。いわゆる「知識・技能」とされているところです。本書でも,この理科の確かな学力をつけることを授業の要と考えています。そして,自然界の現象にはきまりがあることを知り,それらの自然科学の知識を使って考えを進めたり,話し合ったりすることが,「科学的な思考・態度」だといえるでしょう。また「理科は実験や観察があるから好き …」という子どもの声があるように,実物に触れ「手を使い,体を通して …」考える,というのが小学生の学び方の基本です。理科を学ぶ楽しさ,わかる喜びにもつながります。本書がそのような授業実践の一助となり,さらにわかる授業の追究に役立てて頂けることを願っています。

2024年　3月　　　　　著者一同

# 本書で楽しく・わかる授業を！

## 全ての単元・全ての授業の指導の流れがわかる

　学習する全ての単元・全ての授業の進め方を掲載しています。学級での日々の授業や参観日の授業，研究授業や指導計画作成等の参考にしていただけます。

## 1時間の展開例や板書例を見開き2ページで説明

　実際の板書がイメージできるように，板書例を2色刷りで大きく掲載しています。また，細かい指導の流れについては，3〜4の展開に分けて詳しく説明しています。

　どのような発問や指示をすればよいかが具体的にわかります。先生方の発問や指示の参考にしてください。

## QRコードから児童のタブレット・テレビ・黒板に，動画・画像・ワークシートを映し出す！「わかりやすく，楽しい学び」，「深い学び」ができる

　各授業展開のページのQRコードに，それぞれの授業で活用できる動画・画像やイラストなどのQRコンテンツを収録しています。児童のタブレットやテレビ，黒板に映し出すことで，よりわかりやすい楽しい授業づくりをサポートします。画像やイラストを大きく掲示すれば，きれいな板書づくりにも役立ちます。

## 学びを深めたり，学びを広げたりするために発展学習も掲載

　教科書のコラム欄に掲載されている内容や，教科書に掲載されていない内容でも，学びを深めたり，学びを広げたりするための大切な学習は，『深めよう』や『広げよう』として掲載しています。

## ICT活用のアイデアも掲載

　それぞれの授業展開に応じて，ICTで表現したり，発展させたりする場合の活用例を掲載しています。学校やクラスの実態にあわせて，ICT活用実践の参考にしてください。

# 3年（目次）

## QRコンテンツについて

　授業内容を充実させるコンテンツを多
数ご用意しました。右のQRコードを読
み取るか下記URLよりご利用ください。

URL：https://d-kiraku.com/4477/4477index.html
ユーザー名：kirakuken
パスワード：Vxb9Re

※各授業ページのQRコードからも，それぞれの時間で活用できるQRコンテンツ
を読み取ることができます。
※上記URLは，学習指導要領の次回改訂が実施されるまで有効です。

# 本書の特色と使い方

## ◆実験や観察を安全に行うために

　理科授業にともなう事故防止のため，どの実験や観察においても，事前に指導者が予備実験や観察をすることは大切です。本書にも多くの実験・観察が出てきますが，どれも予備実験が必要であることはいうまでもありません。本書では，特に危険がともなう実験や観察については，注意書きを本文中に記載しています。安全で楽しい理科実験を行いましょう。

## ◆めあてについて

　1時間の授業の中で何を学習するか，子どもたちにわかる目標を示しています。

## ◆本時の目標について

　1時間の学習を通して，子どもたちにわからせたい具体的目標。

## ◆ POINT について

　子どもが理科の見方・考え方をはたらかせたり，資質や能力を養ったりできるためのポイント等が書かれています。こうした授業につながる学習活動の意図や，子どもの理解を深めるための工夫など，授業づくりにおいて指導者が留意しておくべき事項について示しています。

## ◆授業の展開（過程）について

①1時間の授業の中身を基本4コマの場面に分け，標題におよその授業内容を表示しています。

②本文中の「T」は，教師の発問です。

③本文中の「C」は，教師の発問に対する子どもの反応や話し合い，発表です。

④本文中の下部【　】表示は教師が留意しておきたいことが書かれています。

---

板書例

**第3時 めあて**
**ものの形をかえると，重さがかわるのか調べよう（アルミ箔・砂糖）**

本時の目標：物は，物の出入りがない限り，形を変えても小さくくだいても，その重さは変わらないことがわかる。

〔問題〕 ものの形をかえると，
　　　　重さがかわるのだろうか

**1** 〔問題Ⅰ〕 アルミはくをまるめてはかりにのせると，その重さはかわるのか

〔よそうⅠ〕
丸めたアルミはくの方が
　ア．下がる　　　　　　（　　　）人
　イ．上がる　　　　　　（　　　）人
　ウ．つり合ったまま　　（　　　）人

※ここに児童がア〜ウと予想した理由を短い言葉で書き留めていくとよい。

**2** 〔じっけんⅠ〕

アルミはく　　　ねん土　→　丸めたアルミはく

〔けっかⅠ〕 ウ＝つり合ったまま（重さはかわらなかった）⇐ { つけたしていない / へらしていない }

**POINT** 展開3はむやみに重さを量らせるのではなく，展開1・2の結果をもとに予想させ，見通しを持って実験に取り

---

**1 アルミ箔を丸めると，重さはどうなるのかを予想する**

T　今日はアルミ箔を使って，物と重さについて考えましょう。このアルミ箔を落とすと，（落としてみせる）ひらひらと落ちますね。

T　まず，上皿天秤で粘土のおもりとアルミ箔をつり合わせます。（グループ，または教師実験）

T　では問題です。このアルミ箔を丸めます。（丸めてみせる）そして，はかりに載せると，天秤の傾きはどうなるでしょうか。

　「ア・アルミ箔の方が下がる／イ・アルミ箔の方が上がる／ウ・つり合ったまま」の選択肢を提示する。

T　では，予想を書きましょう。『なぜなら』を使って，考えのわけも書けるといいですね。

【上皿天秤の使用】
電子天秤でもよいが，ここでは，上皿天秤を使っている。それは，重さの量り方の原理が見えやすいこと，また，重い軽いやつり合いが，うでの傾きを見ると，3年生にも感覚的にわかる良さがあるからである。学習内容に応じて，使うはかりを選ぶことも大切である。

**2 予想と理由を話し合い，実験で結果を確かめる**

　初めに，挙手でみんなの予想の傾向を知り合うとよい。イと予想する児童はほとんどいないことが多い。

T　では，予想したことを発表しましょう。

C　ア「下がる」と予想しました。それは，丸めると中心に重さが集まると思ったからです。

C　ウの「つり合ったまま」だと思いました。なぜなら，アルミ箔は丸めただけで，何かをつけ足したりへらしたりしていないからです。

T　では，丸めたアルミ箔を落としてみましょう。

C　あれ，ストンと落ちた。重くなったのかな？

　話し合いに応じて，このように児童の考えをゆさぶることもある。

T　では，アルミ箔を丸めて，はかりに載せてみましょう。

C　つり合ったまま。丸めても重さは増えない。

C　重さは変わらないんだね。

132

## ◆準備物について

1時間の授業で使用する準備物が書かれています。授業で使用する道具，準備物については，教科書に掲載されている物や教材備品，QRコードの中のものを載せています。授業中の事故を未然に防ぐためにも，入念な準備が大切です。

## ◆ ICT について

指導者が1時間の中でどのように端末を活用するのか，子どもにどのように活用させるのかについて具体的な例を示しています。資料の配布・提示や，実験の様子の撮影・記録など様々な用途で活用することを想定しています。

ただし，端末利用に捉われず，直接，動物・植物や自然を子ども自身が観察したり実験したりすることがとても重要です。

## ◆板書例について

P8，P9に板書の役割と書き方を詳しく解説しています。

## ◆ QR コードについて

本文中のQRコードを読み取っていただくと，板書に使われているイラストや，授業で使えそうな関連画像・動画，資料等を見ることができます。色々な生き物を比較させたり，実験結果の確認をしたり，手順を説明する際に配れたりと，色々な使い方ができます。

また，資料をプリントではなく，画像データで配信することができるので，授業準備にかかる負担を軽減することができます。

※ QR コンテンツを読み取る際には，パスワードが必要です。パスワードは本書 P4 に記載されています。

---

| 準備物 | ・アルミ箔（約10㎝平方）（グループ数）<br>・角砂糖3個（またはせんべい）とポリ袋<br>・角砂糖をくだく木槌<br>・はかり（上皿天秤か，電子天秤） |

| I C T | 色々な形にして，載せた様子とはかりの数値を一緒に写真に取り，記録させるのもよいでしょう。 |

**QR**

・画像

その他多数

③ 問題2 角ざとうをくだいてこなにしてはかりにのせると，その重さはかわるのか

よそう2 角ざとうの方が
ア. 下がる （　　）人
イ. 上がる （　　）人
ウ. つり合ったまま （　　）人

※ここに児童がア〜ウと予想した理由を短い言葉で書き留めていくとよい。

④ じっけん2
角ざとう

こなにしたさとう

けっか2 重さは，かわらない

〔まとめ〕ものを丸めてもくだいても，もの出入りがないとその重さはかわらない

組ませるとよいでしょう。

**3** 角砂糖をくだくと，重さはどうなるのかを予想する

T　ウの「重さは変わらなかった」ということは，形を変えても重さは変わらないという『考え』が正しかったことになりますね。

T　2つ目の問題です。ここに，ポリ袋に入った3個の角砂糖があります。これを，上皿天秤で粘土とつり合わせます。そして，ポリ袋に入れたまま，この角砂糖をくだきます。これを，はかりに載せるとつり合いはどうなるでしょうか。

「ア-角砂糖の方が下がる／イ-角砂糖の方が上がる／ウ-つり合ったまま変わらない」と提示する。（今回は，教師実験でよい。電子天秤を使ってもよい）

T　予想と，そう考えたわけも書きましょう。
C　くだくと細かくなるから，軽くなるかなあ。
C　砂糖の1つぶにも重さはあるのかな。

角砂糖の代わりに，せんべいを使うこともできる。

**4** 角砂糖の実験で結果を確かめ，2つの実験でわかったことをまとめる

T　予想について，意見を出し合いましょう。
　予想と，その予想に至った「考え」を発表させる。
T　どの考えが正しいのか，確かめましょう。
　グループ実験か教師実験。
C　やっぱり変わらない。何も減ってないから。
T　もし袋が破れていたとすると，どうなるでしょうか。
C　穴から砂糖がこぼれ出ると重さも減ります。
T　実験したこと，わかったことを書きましょう。

【思考力・表現力を高めるために】
「予想」など，ものを考えるとき，私たちは言葉を使って考えている。そのため思考力を高めるには，まず言葉の力をつけることが大切である。特に4年生にかけては，自分の考えやその理由を，論理的に述べる力（表現力）が必要になる。それには，「それは」や「なぜなら」「例えば」「つまり」「〜だから〜」などの，関係を表す言葉の使い方を教え，実際の発言や書く文章にも使わせていくことだ。それが，論理的な思考力や表現力を高めることになる。

## ◆ QR コンテンツについて

本時の QR コードに入っている画像などを一部載せています。

P10，P11 に QR コンテンツについての内容を詳しく解説しています。

## ◆赤のアンダーライン，赤字について

本時の展開で特に大切な発問や授業のポイントにアンダーラインを引いたり，赤字表示をしています。

ものとその重さ　133

# 板書の役割と書き方

　板書の役割は，学習内容の大切なところを示し，子どもに１時間の授業の流れを掲示するものです。同時に，指導者の授業のねらいの実現過程が見えるものです。

　学習の流れとして，「問題」や「予想」，「実験」，「結果」，「まとめ」を書き，１時間の授業の流れがわかるようにします。

　また，子どもの意見等をわかりやすく，簡潔に板書に書き示します。

## 授業の流れに沿った板書の役割と書く内容

### ① めあて・問題…何を学ぶのかや授業の課題を知らせる

　本時のめあてに迫るために，授業の中で，発問や指示の形で「問題」や「課題」を子どもたちに掲示します。板書では，めあてに沿った内容を文字や図で示し，子どもたちにここで「何を考えるのか」「何を学ぶのか」等の思考や行動を促します。

### ② 予想…問題について予想をたて，その予想を知り合い交流する

　掲示された問題に対して，いきなり実験や観察をするのではなく，まず予想や仮説をたてさせます。その根拠も併せて考えさせます。予想や仮説をたてるにあたっては，既習の知識や経験が子どもたちの思考や発言として反映されます。子どもの意見を単語や短い文で簡潔に板書に示し，他の子どもたちにも広げます。

### ③ 実験と結果…予想を実験で検証し，その結果をみんなで確認する

　どの予想が正しかったのかを教えてくれるのが「実験」です。同時に，正しかった予想を導きだした根拠もその時に検証されます。

### ④ まとめ…わかったことを確認する

　みんなで確認した結果やわかったことを短い文で簡潔にまとめて板書します。
※結果からわかったことについて，自然のきまり（法則）は，何だったのか。みんなで話し合い，見つけた事実や法則を確かめます。

### ⑤　QRマーク…QRコードの中に動画，画像，資料などがあります。

電子黒板，テレビ，児童のタブレットに配信しましょう。

## 板書の書き方…板書例「じしゃくのせいしつ」

### ◇ 板書の構成

黒板は横長です。子どもたちに見やすい構成とするなら，展開に合わせておよそ４つに分け，どこに何を書くのか，その構成を考えながら書きすすめます。また，子どもたちが授業の終わりにノートやプリントに書ききれる分量も考慮します。

**① 問題**
この１時間で「何を考えるのか」，「何を学ぶのか」，それを問う形で問題として板書する。

**② 予想**
子どもたちが既習や体験をもとにして考える場面となる。磁石には，目に見えないが，磁力の強いところと弱いところがあることを予想させたい。また，なぜその予想になったのか理由も発表させたい。

①
〔問題〕 じしゃくの引きつける力は，
② じしゃくの場所によってちがいがあるのだろうか

❶ （よそう１）

| じしゃく |
| --- |

強いところ → こくぬる
弱いところ → うすく
力がない → ぬらない

❷ （じっけん１） クリップをつけてみる
③ じしゃく
きょく （つかない） きょく

❸ （けっか１） クリップは
④ じしゃくの両はしに多くついた
＝
引きつける力が強いところ
＝
「きょく」（２か所）

❹ 〈Ｕがたじしゃくにも「きょく」はあるだろうか〉
（じっけん２）
きょく クリップがつくところがきょく
つかない
きょく （けっか２）
２つのきょくが
じしゃくの先の方
（両はし）にあった

⑤ 〔まとめ〕
・じしゃくの両はしは鉄を引きつける力が強い
・そこを「きょく」という
・きょくにはＮきょくとＳきょくがある

**③ 実験**
問題や予想に沿った実験をする。クリップや釘を使って，磁石の力を調べる。

**④ 結果**
どの予想が正しかったのかは，実験が教えてくれる。結果は，簡潔な言葉や文，簡単な図等でわかりやすく示す。

**⑤ まとめ**
実験から，磁石の力は両端が強いことがわかった。そこを「極」（きょく）とよぶ。科学的言葉として，「きょく」には，ＮきょくとＳきょくがあることなどもまとめに板書する。

# QRコンテンツで楽しい授業・わかる授業ができます
# 児童のタブレットに配信できます

## 見てわかる・理解が深まる動画や画像

　授業で行う実験等の内容や，授業では扱えない実験や映像など多数収録されています。動画や画像を見せることでわかりやすく説明でき，児童の理解を深めると同時に，児童が興味を持って取り組めます。児童のタブレットに配信し，拡大して見ることができます。

◇ **動画**

花粉を食べるキタヒメヒラタアブ

音叉のふるえ

虫めがねで紙をこがす

じしゃくを自由に動かすと

※ QRコードに収録されている動画には，音声が含まれておりません。

◇ **画像**

ソケットなしで明かりをつける

時間帯を変えてみると

磁石の引きつける力の場所

## 授業で使える「観察カード」「ワークシート」など

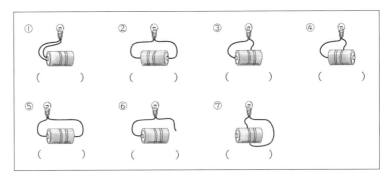

授業の展開で使える「ワークシート」や「観察カード」などを収録しています。印刷して配布したり，児童のタブレット等に配信してご利用ください。

## 板書づくりにも役立つ「イラストや図」など

わかりやすくきれいな板書に役立つイラストや図がたくさん収録されています。黒板に投影したり，児童のタブレット等に配信してご利用ください。

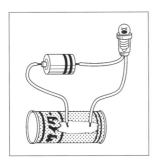

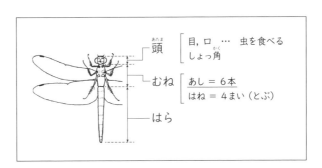

※ QR コンテンツを読み取る際には，パスワードが必要です。パスワードは本書 P4 に記載されています。

# しぜんのかんさつ・植物を育てよう

## ◎ 学習にあたって ◎

### ◉ 何を学ぶのか

　初めて理科という教科に出会う子どもたち。何を学習するのか,理科への期待は大変大きいものがあります。また,生活科から理科へとスムーズにつないでいく視点も大切で,この「しぜんのかんさつ」「植物を育てよう」でも,生活科とは少し違う学習展開も必要となってきます。つまり,単に自然と触れ合うというだけでなく,体験を通して自然のしくみやきまりを学んでいくという学び方が大切になってきます。身の回りの自然の中から,自分が不思議に思ったり,知りたいと感じたりした事物・事象を見つける観察と,理解するための手立てを課題として設定していく必要があります。

　また,３年生は,個別から一般化への学びが可能になる学年にさしかかります。生き物の観察の学習は,個別の学習が基本ですが,「植物のからだのつくり」など一般化に通じる内容も登場します。本単元でも栽培を通して植物の体のつくりや植物の一生を学びます。３年生にはふさわしい学習といえますが,この学習は,４年生の「春・夏・秋・冬の生き物の様子」の学習にもつながっていきます。

### ◉ どのように学ぶのか

　植物の観察では,植物の種を各自の栽培用ポットや学級園などにまき,大切に世話をしながら,その変化の様子を記録していきます。まず,植物の芽ばえの観察を行い,これからの成長の様子や変化に関心をもたせるようにします。そして,育ててきた植物の観察や,それらを花壇に植え替える活動などを通して,植物の体は,葉,茎,根からできていることを理解させます。また,野草など他の植物とも比較して,植物の体は,葉,茎,根という共通のつくりをしていることをとらえることができるようにします。これは１つの「一般化」ともいえます。

　栽培では,ホウセンカとヒマワリを取り上げています。つぼみから花へ,花から実への変化を観察します。実のできたころに,種まきから結実までの観察記録を整理して,成長における特徴的な変化をまとめ,植物の成長には一定の順序があることに気づかせます。そして,最後には,記録してきたカードをセロハンテープでつないだり,ひもでとじたりなどして一冊にまとめます。まとめ方の１つとして,それぞれの時期ごとの植物の背の高さを棒グラフに表して,ふり返らせることもできるでしょう。

### ◉ 留意点・他

　栽培は,地域と学校の実情に即してやりましょう。また,栽培時期を逃がすと,先の成長,ひいては学習計画にも狂いが生じるので,いつ,どういう観察や学習をするのか,きちんと計画しておくことが大切です。

## ◎ 評 価 ◎

| 知識および技能 | ・春の自然の中で,いろいろな生き物を知り,植物の体のつくり（葉・茎・根・花）や植物の一生（種・発芽・子葉・葉・開花・結実）には,一定の順序があることがわかる。 |
|---|---|
| 思考力,判断力,表現力等 | ・植物の成長過程を記録し,まとめる過程で植物の共通した体のつくりや植物の一生がわかる。 |
| 主体的に学習に取り組む態度 | ・植物の成長のためにしなければならないこと（世話など）を考え,栽培活動や観察を通して,植物の体のつくりや植物の一生がわかる。 |

| 次 | 時 | 題 | 目標 | 主な学習活動 |
|---|---|---|---|---|
| 春のしぜんかんさつ | 1・2・3 | 春の草花を見つけてかんさつしよう | ・春には，タンポポ・ナズナなどの草花が咲くことがわかる。<br>・虫眼鏡の使い方がわかる。 | ・校庭に出て，春の草花を見つける。<br>・探してきた植物を発表する。<br>・虫眼鏡で採集してきた草花を観察する（虫眼鏡の使い方）。<br>・採集してきた草花についてわかったことを発表する。 |
| | 4・5 | 春の生き物（動物）を見つけてかんさつしよう | 冬を越した動物（ダンゴムシ・ナナホシテントウ・クロオオアリ）の生活がわかる。 | ・ダンゴムシ・ナナホシテントウ・クロオオアリを見つける。<br>・ダンゴムシ・ナナホシテントウ・クロオオアリを虫眼鏡で観察する。<br>・観察したことをノートに記録する。<br>・ダンゴムシ・ナナホシテントウ・クロオオアリの観察したものを発表する。 |
| 植物を育てよう | 1・2 | たねをまこう | 各自が選んだ種（ホウセンカ・ヒマワリなど）と種のまき方がわかる。 | ・ホウセンカとヒマワリの種の観察，スケッチをする。<br>・ホウセンカとヒマワリの種まき（ポットにまく場合）。<br>・ホウセンカとヒマワリの種まき，（じかまきの場合）土を耕す。<br>・世話の仕方（水やり指導）を知る。 |
| | 3 | ホウセンカやヒマワリの「め」と「め」が出たあとをかんさつしよう | 芽が出た後の子葉や葉の様子を観察し，記録することができる。 | ・植物の子葉の観察・記録の仕方を知る。<br>・ホウセンカの子葉の観察・記録・発表。<br>・ヒマワリの子葉の観察・記録・発表。<br>・ホウセンカ・ヒマワリの子葉の後に出てくる葉を観察する。 |
| | 4・5 | ホウセンカやヒマワリのからだのつくりを調べよう | ホウセンカ・ヒマワリの体のつくり（葉・茎・根）がわかる。 | ・ホウセンカ・ヒマワリの体の全部を観察して記録する。<br>・ホウセンカの体のつくり（葉・茎・根）を確かめる。<br>・ヒマワリの体のつくり（葉・茎・根）を確かめる。<br>・エノコログサやヒメジョオンの葉と茎と根を確かめる。 |
| | 広げよう | ナズナやオオバコのからだのつくりを調べよう | ナズナやオオバコの体にも葉・茎・花・根があることを知る。 | ・ナズナの体の観察。<br>・オオバコの体の観察。<br>・ナズナやオオバコのスケッチをする。 |
| | 6 | 花がさくころの植物を調べよう | ホウセンカやヒマワリが，夏になって茎がのび，葉の数もふえて，花を咲かせていることがわかる。 | ・ホウセンカの花の観察・記録。<br>・ホウセンカの葉・茎の観察・記録。<br>・ヒマワリの花の観察・記録。<br>・ヒマワリの葉・茎の観察・記録。 |
| | 7 | 実やたねができるころの植物を調べよう | ホウセンカやヒマワリには，花がさいたあとに実（種）ができていることがわかる。 | ・ホウセンカの育ち方のまとめをする。<br>・ヒマワリの育ち方のまとめをする。<br>・植物の一生のまとめをする。 |
| 植物の一生 | 深めよう | いろいろなたねを調べよう | 植物は，なかまを増やすために実や種を作り，風でとばすなど広くまきちらすための工夫をしていることがわかる。 | ・空を飛ぶ種（タンポポ）を知る。<br>・ひっつく種（オオオナモミ・ヌスビトハギ）を知る。<br>・はじける種（ホウセンカ・スミレ・カタバミ）を知る。<br>・ころがる種・食べられる種（ナンテン・クヌギ）を知る。 |
| | 8・9 | ホウセンカとヒマワリの一生をまとめよう | 記録をもとに，ホウセンカとヒマワリの一生の変化をまとめ，植物の育ち方には命のサイクルがあることがわかる。 | ・ホウセンカの育ち方のまとめをする。<br>・ヒマワリの育ち方のまとめをする。<br>・植物の一生のまとめをする。 |
| 資料 | | いろいろな植物の育ち方 | 5種の植物の，たね→子葉が出る→育つ→花が咲く→実ができ，かれる，という様子。 | ・オクラ　　・ダイズ　　　・マリーゴールド<br>・ワタ　　　・ピーマン |

# 春の草花を見つけて　かんさつしよう

・春には，タンポポ・ナズナなどの草花が咲くことがわかる。
・虫眼鏡の使い方がわかる。

板書例

〔問題〕　春の草や花はどのようなすがたを
　　　　　しているのだろうか

**1**
**2**

① 　② 　③

④ 　⑤

※画用紙に貼った5つの植物（できれば実物）を提示する。（地域でよく見られる植物がよい）

POINT　写真を撮らせるときには，撮りたい植物の後ろに白い画用紙を置いて撮影させることで，特徴を見つけやすくなります。

## 1 校庭に出て，春の草花を見つける（1時間扱い）

校庭に出て，採集する春の草花を探す。初めは自由に探させて，カードに記入させる。

T　校庭や学校の周囲，公園を探検して春の草花を探しましょう。

T　どんな所を探せばよいでしょうか。生活科で学習したことを思い出して下さい。

C　学校の花壇に花が咲いていました。

C　フェンスの所にも草花がありました。

C　公園などでは，人が歩かない所に咲いていました。

T　どこでも探せばいいのではなく，咲いていそうな所へ行って探しましょう。探せたら，草花を取らずにカードに記入してください。

T　それでは，探しに行きましょう。

見つける植物の数を「5つ」などとしぼって示してもよい。その際は名前も教えて探させる。

## 2 探してきた植物を発表する（1時間扱い）

探してきた草花のカードをもとに発表させる。

T　いろいろ見つけましたね。次に，これらの草花を詳しく見ていきます。まず名前を確かめましょう。①タンポポ，②ナズナ，③ホトケノザ，④カラスノエンドウ，⑤オオイヌノフグリの花です。

地域の野草を中心に実物を見せる。他にレンゲソウ・シロツメクサ・ハコベ・オオバコなど。

T　この5つを見つけたら，生き物かんさつカードに草花を貼り付け，記録してください。

<観察カードの記録の仕方>
・色　・形　・大きさ。
・草花の形の特徴。
・絵は花や実・種をかく。
・花をテープで貼る。

※国語の「観察記録」の学習とつなぐのも効果的。

<table>
<tr><td rowspan="3">準備物</td><td>・タンポポ, ナズナなどの花</td></tr>
<tr><td>・虫眼鏡　　　　・観察カード </td></tr>
<tr><td>・セロハンテープ　・植物図鑑</td></tr>
</table>

<table>
<tr><td>ICT</td><td>観察した草花の写真を撮らせ, それをクラスで共有しましょう。違いや共通点を見つけさせましょう。</td></tr>
</table>

**3**

〈虫めがねのつかい方〉

＝手で持てるもの＝
①虫めがねを目に近づける
②見るものを動かし, はっきり見える
ところでとめる

＝手で持てないもの＝
動かせないものは、虫めがねを動かして見る

かんさつ

**4**

| ①タンポポ<br>　黄いろの花 | ②ナズナ<br>　白い花<br>　実・小がた | ③ホトケノザ<br>　赤っぽい花 |
|---|---|---|
| ④カラスノエンドウ<br>　赤むらさきの花 | ⑤オオイヌノフグリ<br>　青っぽい花 | |

〔まとめ〕
春の草花はそれぞれ, 色, 形, 大きさなどの
すがたがちがう

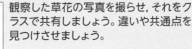

### QR

・画像

その他多数

---

## 3 虫眼鏡で採集してきた草花を観察する（虫眼鏡の使い方）

採集してきた草花を虫眼鏡で見る。虫眼鏡の使い方の指導をする。

T　虫眼鏡の使い方を説明します。

　〈手で持てるものを見るとき〉と〈手で持てないものを見るとき〉の2つのやり方を実演する。

T　ナズナの花を見てみましょう。これは手で持てるときのやり方ですね。

C　花びらは4枚だ。よくわかるなあ。

C　葉のギザギザも見えます。

<草花の例>
・タンポポ（キク科）
・ナズナ（アブラナ科）
・ホトケノザ（シソ科）
・カラスノエンドウ（マメ科）
・オオイヌノフグリ（ゴマノハグサ科）

## 4 採集してきた草花の観察をしてわかったことを発表する

T　草花のカードをもとに, どんな草花かを発表しましょう。はじめにタンポポについて発表してください。

C　黄色い花びらがたくさんあります。

C　葉はギザギザです。

〈ナズナ〉

C　小さな白い花をつけ, 小さいハート形をした実があります。

T　春の七草の1つで, ぺんぺん草とも言います。

〈ホトケノザ〉

C　花の色は, 赤っぽい色です。

〈カラスノエンドウ〉

C　花は, 赤紫色です。

T　カラスノエンドウの実を使って, ピーピーとなる笛が作れますよ。

T　草や花など植物は, それぞれ色, 形, 大きさなどのすがたがちがいますよね。

# 春の生き物（動物）を見つけて かんさつしよう

本時の目標　冬を越した動物（ダンゴムシ・ナナホシテントウ・クロオオアリ）の生活がわかる。

板書例

〔問題〕　**動く生き物（むし）は，どのようなすがたを しているのだろうか**

1

ダンゴムシ

ナナホシテントウ

クロオオアリ

2
3

かんさつ

・小さなあしがいっぱいある
・石の下にある落ち葉や かれ草を食べる

かんさつ

・せなかはまるい
・小さな目
・アブラムシを食べる

かんさつ

・あし6本
・ふつうのアリより大きい

※黒板には図やカードを貼る。

**POINT** イラストを先に見せることで，脚の数や目の位置などに気づかせてから，実際に観察し確認させるのもよいでしょう。

## 1 ダンゴムシ・ナナホシテントウ・クロオオアリを見つける

校庭に出て，ダンゴムシ・ナナホシテントウ・クロオオアリを見つける。1つにしぼってもよい。

T 春になるといろいろな生き物が見られるようになります。虫を見つけた人はいますか。
C ナナホシテントウを見ました。
C アリがたくさんいたよ。
C ダンゴムシが歩いていました。
T ナナホシテントウは，草地や畑などにいて，アブラムシを食べます。
T ダンゴムシは，畑や庭の石の下などに多くいて，落ち葉などを食べています。
T クロオオアリは，乾いた土にいて，虫などの死がいや実や種，花の蜜などを食べています。
T では，校庭内でダンゴムシやナナホシテントウ，クロオオアリを見つけ，ペットボトルに入れて，教室に持ち帰りましょう。

## 2 ダンゴムシ・ナナホシテントウ・クロオオアリを虫眼鏡で観察する

ペットボトルに入れたダンゴムシ・ナナホシテントウ・クロオオアリを虫眼鏡で観察する。

T これからダンゴムシ・ナナホシテントウ・クロオオアリの観察をしますが，小さくて見にくいですね。うまく観察するにはどうすればよいでしょうか。
C 虫眼鏡を使えばいいと思います。
T そうですね。こういう時は虫眼鏡で見るとよくわかりますね。草花の時と同じですね。
T それでは，ダンゴムシの観察から始めます。気づいたことを「生き物かんさつカード」に書きましょう。

| 準備物 | ・500mℓのペットボトル<br>・プラスチックカップ<br>・虫眼鏡<br>・観察カード  |
| --- | --- |

**4** 〈かんさつしたことをノートに書いてみよう〉

＝書くこと＝

①しらべた「月・日」

②見つけた場所

③動物のようす・からだについているもの
（あしや目や口のようす）

④動物のからだ
（からだの形・大きさ・色・動き）

〔まとめ〕
・春には，ダンゴムシやナナホシテントウ，
　アリなどの虫が見られる
・動く生き物は，色，形，大きさなどの
　すがたがちがう

### QR

・動画
　「アミメアリの様子」
　など

・画像

ダンゴムシ　オカダンゴムシ科。体長は約1cm。白日中では物陰で隠れて見られる。など。

ナナホシテントウ　テントウムシ科。体長は約8mm。幼虫も成虫もアブラムシを食べる。白日で活動する。

その他多数

---

**3** ダンゴムシ・ナナホシテントウ・クロオオアリについて観察したものを発表する

＜ダンゴムシの観察から＞
C　小さな足がいっぱいあります。
C　体の長さは1cmぐらいです。
C　落ち葉やかれ草を食べるので，畑や草原で見つけることができます。
C　草原にある石の下にいました。

＜ナナホシテントウの観察から＞
C　体の長さは8mmぐらいです。
C　背中はダンゴムシよりも丸まった感じです。
C　アブラムシを食べるそうです。
C　小さな目があります。

＜クロオオアリの観察から＞
C　足は6本あります。
C　地面に穴を掘り，その穴に入っていった。
C　行列を作って歩いていました。

T　動物も色，形，大きさなどのすがたがちがいますね。

**4** 観察したことをノートに記録する

　観察したことをカードなどに記録する以外に，ノートに記録するやり方を紹介する。

T　観察したことを記録するため，理科ノートに書くやり方があります。どんなことを書くとよいでしょう。アリの観察を例に考えましょう。

〈ノートの記入例〉

> クロオオアリのかんさつ
>
> ◎しらべた月日　5月17日
>
> ◎見つけた場所　うんていの横
>
> ◎動物のようす（足，目，口のようす）
> 　足は6本，目，つの（しょっかく）
>
> ◎大きさ・色・形・動き
> 　ふつうのアリより大きい。黒い色。
> 　あなに，入っていった。
> 　ならんで歩いていた。
> 　何かをくわえていた。

板書例

## 〔問題〕　どのようにたねをまけばいいのだろうか

**1** ホウセンカと ヒマワリのたね

ホウセンカのたね　　　　　ヒマワリのたね

QR　　　　　　　　　　　　　QR

※図などを貼ってもよい。

POINT　ホウセンカとヒマワリ以外の種子（インゲンマメやヘチマなど）も用意することで，植物の多様性に気づかせること

## 1 ホウセンカとヒマワリの種の観察し，スケッチする

　ここでは，ホウセンカとヒマワリの栽培を中心に展開する。ホウセンカとヒマワリの種をまいて，種から芽が出て，大きくなっていく様子を観察する。

T　ホウセンカとヒマワリを栽培することにします。（種を配る）この種をうまくまいて育ててみましょう。
C　ホウセンカの種は小さいです。
C　ヒマワリの種はしま模様がおもしろい。
T　ホウセンカの種は，小さいですね。虫眼鏡を使ってこの 種をスケッチしましょう。
T　種を カードにスケッチしたら，わかったことや感想・疑問などを記録しましょう。

　カードについては，指導者が使いやすいものを選ぶか，自作するとよい。

生き物 **かんさつ** カード
月　日　名前
見つけた場所（
色
形
大きさ
気づいたこと
QR

## 2 ホウセンカとヒマワリの種をまく（ポットにまく場合）

T　ホウセンカとヒマワリの種をポットに植えます。
（1人につき1つ植える）

① ポットに土を入れ，ホウセンカの種は種が隠れるぐらい，ヒマワリの種は2cmぐらいの深さの穴を指で開けます。

QR

〈ホウセンカ〉
種が隠れるぐらいの穴。

〈ヒマワリ〉
2cmぐらいの穴。

② 1つの穴につき，ホウセンカは3粒，ヒマワリは1粒の種をまきます。

③ 土をかけ，じょうろで水をかけます。

**2**
**3**
**4**

〈まくところ〉

・ポットにまく

・学級えんにまく（土をたがやす）
（はたけ）

〈たねのまき方〉

① ゆびであなをあける

② たねをまく

③ 土をかけ
じょうろで水をかける

### QR

・画像

その他多数

ができます。

---

## 3 土を耕し，ホウセンカとヒマワリの種をまく（じかまきの場合）

　種をじかまきする場合は，種をまく前に，土を耕して肥料（堆肥等）も入れておく必要がある。畑が狭い場合は，グループごとで植える。

T　種をまく前に畑を耕すのは，畑の土に空気と肥料を入れて，土をふかふかにするためです。

T　土には，小石や砂，泥が混じっています。耕すことでこれらがうまく混ざります。そして，大きい石などを取り除くことができます。耕せたところで，種をまきましょう。

T　畑の土に，ポットと同じく穴をあけ，植えます。植えたタネとタネの間を，ホウセンカは15cmぐらい，ヒマワリは50cmぐらいあけて植えるようにしましょう。

〈ホウセンカ〉  間を15cm 離す

〈ヒマワリ〉 間を50cm 離す

## 4 植物の世話について話し合い，水やりの大切さを知る

　植物栽培では世話が大切である。アサガオ栽培や他の植物の栽培で児童も経験しているが，まず「水やり」の大切さに気づかせる。

T　ポットやじかにまいた，ホウセンカとヒマワリの種に水をやりましょう。水やりはなぜ大切なのでしょうか。

C　水をたっぷりかけてやると，種から芽が出てくるからです。

C　アサガオを育てたときも，しっかり水やりしたから，ちゃんと芽が出て大きく育ちました。

T　どんな時に水をやればいいですか。

C　土が乾いているときです。

T　しっかり水やりすれば，ホウセンカとヒマワリの種から芽が出てきますよ。頑張って水やりをしましょう。

# ホウセンカやヒマワリの「め」と「め」が出たあとをかんさつしよう

板書例

〔問題〕 めが出たあと，どうなるのだろうか

**1** **2** ホウセンカ

 → 子葉

かんさつ
・子葉は2まい
・色は緑
・葉の先にくぼみ

**3** ヒマワリ

→

かんさつ
・子葉は2まい
・色は緑
・少し細長い

POINT 児童の成長記録を使って，子葉と葉を比較し，形や大きさの違いに気づかせましょう。

## 1 ホウセンカの子葉を観察し，カードに記録する

ホウセンカの子葉が見られるようになったら，子葉の観察をする。ポットで栽培をしているときは，ポットを教室に持ち込み，観察する。学級園等で栽培しているときは，学級園等に出かけて観察する。

T ホウセンカの種が発芽しました。まいた種から始めに小さい葉が出てくることを『発芽』（はつが）と言います。丸い形の葉が出てきましたが，これを『子葉』（しよう）といいます。これから，この子葉を観察し，カードに記録します。

T これから先も，このカードに植物の育ちを記録していきます。

カードの書き方の説明をする。

〈カード例〉

| ホウセンカの育ち |
| --- |
| 月　　日　名前 |
| 大きさ・高さ<br>色・形<br>（スケッチ図） |
| 気づいたこと・感想 |

QR

## 2 ホウセンカの子葉を観察・記録し，発表する

<植物の高さの調べ方>
・植物の高さは「地面から一番新しい葉の付け根まで」とする。
・植物の高さを，紙テープを使って測り，その紙テープを順に貼っていくと植物の成長が一目でわかり，まとめやすくなる。

T それでは，ホウセンカの子葉の様子を観察し，カードにスケッチして，気づいたことを書いて下さい。

T 観察してどんなことに気づきましたか。

C 子葉は2枚出ていました。

C 色は緑色でした。

C 子葉の先が少しくぼんでいました。

C 高さは2cmありました。

C 子葉の間に，小さな芽が見えました。

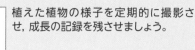

<table>
<tr><td>準備物</td><td>・ホウセンカ, ヒマワリの子葉<br>・カード QR　　　　　　・紙テープ<br>・定規</td></tr>
</table>

ICT　植えた植物の様子を定期的に撮影させ, 成長の記録を残させましょう。

## QR

・画像

その他多数

**4**

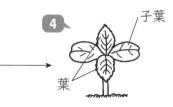

子葉

葉

**かんさつ**
・葉は2まい
・色は緑
・葉は先がとがって、まわりはギザギザ

葉

子葉

**かんさつ**
・葉は2まい
・色は緑
・葉の形は細長い

〔まとめ〕
・はじめに2まいの葉が出てくる
・たねからはじめて出てくる葉を「子葉」(しよう)という

---

## 3 ヒマワリの子葉を観察・記録し, 発表する

ヒマワリの子葉が見られるようになったら, 子葉の観察をする。

T　ヒマワリの子葉の様子を観察し, カードにスケッチしたり, 気づいたことなどを書いて下さい。

T　観察してどんなことを見つけましたか。 発表してもらいます。

C　子葉には, 種の殻がついていました。

C　子葉は緑色でした。

C　高さは1cmありました。

C　子葉は少し細長くて, 厚みがありました。

C　子葉の間に, 小さな芽が見えました。

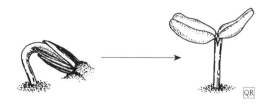

## 4 ホウセンカ・ヒマワリの子葉の後に出てくる葉を観察・記録し, 発表する

T　子葉の後に, 子葉と違った葉が出てきました。この葉の観察をしてカードにかき入れましょう。この葉はどのような形, 大きさでしたか。

### <ホウセンカの場合>

C　子葉の間から新しい葉が2枚出ていました。

C　形は先がとがって, 周りがギザギザでした。

C　高さは2cmありました。

### <ヒマワリの場合>

C　子葉が大きくなって, その間から2枚の葉が出ていました。色は緑色です。

C　子葉と違い, 形は細長く先がとがっていた。

C　高さは, 8cmありました。

ポットのホウセンカやヒマワリは, 葉が4～5枚の頃までに間引いて, 植え替えをする。

# ホウセンカやヒマワリの からだのつくりを調べよう

板書例

〔問題〕 植物の育ち方とからだのつくりは どうなっているのだろうか

**1** **2** ホウセンカのからだのつくり

（かんさつ）

葉―ギザギザ

子葉―小さく なっている

くき―まっすぐ

根―ひげみたい

**3** ヒマワリのからだのつくり

（かんさつ）

葉―ホウセンカより 大きい

くき―ホウセンカより 太い

根―ホウセンカより 長い

POINT イラストや写真だけでは大きさの違いが分かりにくいので，可能であれば実際に植物を引き抜き，実感を持たせましょう。

## **1** ホウセンカ・ヒマワリの体のつくりを 観察して記録する

T　ホウセンカ・ヒマワリがだいぶ大きく成長して きました。そこで，体のつくり全部を観察したいと 思います。どうすればいいでしょう。

C　学級園から引き抜いてきたらいいのかな。

C　根もついたまま持ってきたらいいです。

T　そうですね。根もついていないと全部の体とはい えませんね。根については，観察しやすくするため にきれいに洗いましょう。それでは，学級園に取り に行きましょう。

1人1つを観察する。数が少 ない時はグループに1つで行う。 高さを測ってから引き抜き，根を 水の入ったバケツに入れ，上下に 振って土を落とす。板書用にも1 つ用意をして，黒板に貼る。

T　体をよく観察して，みつ けたことをカードに記録し てください。

## **2** ホウセンカの体のつくり（葉・茎・根） を調べる

T　では，植物の体の部分の名前を教えます。前に勉 強した子葉以外に，子葉に似たものがあります。そ れを「葉」といいます。葉がついている真ん中の 棒のようなところを「茎」といいます。最後に，茎 の下にある白くて細いものが「根」です。

T　では，カードを見ながら発表してもらいます。子 葉や葉は，どうなっていましたか。

C　子葉は下の方に，前より少し小さくなっています が，ついていました。

C　葉は大きくなっていて，ギザギザしています。上 の方の葉は四方に広がっていました。

T　茎はどうでしたか。

C　まっすぐ伸びて，全体の高さは 15cm くらいでし た。

T　根はどうでしたか。

C　細い根がたくさんあちこちに出てて，ひげみたい でした。

**QR**

・画像

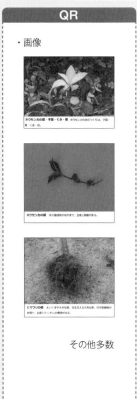

その他多数

4 ヒメジョオンのからだのつくり

葉

くき

根

QR

〔まとめ〕

・育てている植物は，葉が
　出て高さが高くなる

・植物のからだは，葉とくきと
　根でできている

---

## 3 ヒマワリの体のつくり（葉・茎・根）を調べる

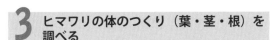

T　次にヒマワリの体を見ていきましょう。子葉・葉はどうなっていましたか。

C　子葉は枯れて落ちていました。

C　葉は大きく，14枚ありました。

C　茎はまっすぐ伸びて，前より長くて，太かった。

T　育てている植物は，葉が出て高さが高くなりますね。

T　ホウセンカ・ヒマワリの体の作りを見てきました。共通してある部分は何ですか。

C　葉と茎と根です。

T　葉と茎と根はどちらにもありました。他の植物にもこの3つはあるのでしょうか。

C　あると思います。タンポポを引っこ抜いたとき，細いダイコンみたいな根がありました。

C　枯れたアサガオを抜いたときにも根がついていました。

## 4 エノコログサやヒメジョオンの葉・茎・根を観察し，話し合う

　エノコログサやヒメジョオンの水洗いしたものなどを黒板に貼って見せる。

T　他の植物にも葉と茎と根があるのか見てみましょう。

T　エノコログサやヒメジョオンに葉・茎・根があることがわかりますか。誰か，前に出てきて，指をさして説明してください。

C　（前に出て）これが，葉です。ホウセンカやヒマワリの葉より少し小さいです。

C　エノコログサの茎は細いです。

C　ホウセンカやヒマワリと同じように根もあります。

T　植物の体には，葉・茎・根があることがわかりましたね。

# ナズナやオオバコのからだの つくりを調べよう

板書例

〔問題〕 植物（しょくぶつ）のからだはどんなつくりを しているのだろうか

**1** ナズナのからだのつくり

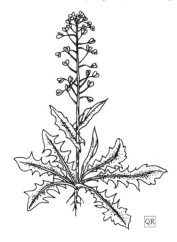

QR

かんさつ

・花びら―4まい
・実（み）は ハートの形
・くきは ぼうのように立っている
・葉（は）は ギザギザしている
・根（ね）は ひげのようになっている

POINT オオバコの茎は根元の，葉が付いている部分だけなので，花茎と茎を間違えないようにしましょう。

## **1** ナズナの体を観察する

画用紙に貼った，根のついたナズナを用意する。

T ナズナの体のつくりを調べるので，根のついたナ
ズナを取ってきましょう。

ナズナを採集して，教室に持ち帰る。

T ナズナの体に何があるのか，観察をしましょう。

ナズナの観察をする。児童に，ナズナの体を観察して見つ
けたことをカードに書かせる。

T どんな花が咲いていましたか。
C 花は小さく，白い色をしています。
T 花びらは何枚ですか。
C 花びらは 4 枚です。

C 小さいハート形の緑色のものは，何ですか。
T それはナズナの実です。
C 下の方の実が大きく，上の方の
実は小さいです。
C 中に小さなつぶが見えます。
T これは何ですか。
C 実の中の種です。
T 葉はどうですか。
C 葉はギザギザしています。
T 根はどうですか。
C 根はひげのようで
す。
C 太い根と細い根が
あります。
T 茎はどうですか。
C 棒のように立って
います。
C 上の方は細いです。

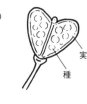

実
種

花
実
茎
葉
根

その他多数

## ② オオバコのからだのつくり

（かんさつ）

・葉は すじがよく見える

・くきは 太くて短い（みじか）

・根は ひげのようになっている

〔まとめ〕

・植物のからだには<br>根, くき, 葉がある

・葉はくきについていて<br>くきの下に根がある

---

## 2 オオバコの体を観察する

オオバコの葉・茎・根を見せ,オオバコの体のつくりを知る。

T オオバコの葉・茎・根を観察してわかったことを
　発表しましょう。

C 葉のすじがよく見えます。

T 葉のすじ（葉脈）は,葉の下の方で,1つに集まっ
　ています。

C 茎が短いです。

T 茎は太くて短い
　ので,踏まれても
　折れません。

C 根はひげのよう
　になっています。

C 葉は茎について
　いて,茎の下に根
　があります。

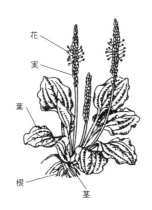

花

実

葉

根

茎

## 3 いろいろな植物の根・茎・葉を観察する

他に,ワタ,ピーマン,エノコログサ,ヨモギ,ハルジオン,
オシロイバナ,セイタカアワダチソウなどの野草の葉・茎・
根を見せ,それぞれの体のつくりを知る。

T 他の植物にも,同じように葉・茎・根があります。
　実物を見て確かめましょう。

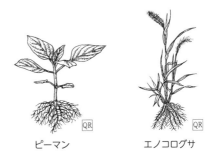

ピーマン　　　　エノコログサ

T 茎や葉,根の形はそれぞれ植物によってちがって
　いますね。

C どの植物の体にも根・茎・葉がありそうです。

# 花がさくころの植物を調べよう

板書例

〔問題〕 植物（しょくぶつ）はどのように育（そだ）っているのだろうか

ホウセンカ

1
2

かんさつ

・花 ── たれていて赤色をしている

・葉（は）── ふえて，大きくなった

・くき ── 太く，高くなり，
　　　　　色は赤っぽい

POINT 成長のスピードが合わないときには別日に比較できるよう，児童に観察した花の写真を撮らせておくとよいでしょう。

## 1 ホウセンカの花を観察・記録し，話し合う

　ホウセンカの花が咲いたら，花やつぼみの観察をする。ポットで栽培している場合は，そのポットを見ながら観察をする。

T　ホウセンカも大きくなり，今は花もさいています。ホウセンカの花を見て，みつけたことを発表しましょう。

C　つぼみもあります。

C　つぼみから花の一部が少し顔を出していました。

C　花はたれている感じです。

C　きれいな赤色をしています。

## 2 ホウセンカの葉・茎のようすを観察・記録し，見つけたことを話し合う

　成長したホウセンカの葉や茎の観察・記録をする。

T　次は，成長したホウセンカの葉や茎についても観察しましょう。

T　花が咲いているホウセンカの葉や茎の様子について気づいたことを発表しましょう。

C　葉の数が増えてきました。

C　葉の大きさも大きくなりました。

C　茎も，太くなってきています。

C　太い茎から細い茎がたくさん出ていました。

C　茎は赤っぽい色をしていました。

C　高さは 50cm ぐらいでした。

ICT　ホウセンカ・ヒマワリの花の写真を送り，画像を見ながら観察したことを確認させましょう。

## QR

・画像

その他多数

ヒマワリ

**3**
**4**

（かんさつ）

・花―― 大きく，色は黄色
　　　（花の集まり）
・葉―― 数がふえて，大きく
　　　なっている
・くき―高く（長く），太く
　　　なっている

〔まとめ〕
ホウセンカやヒマワリは夏になると，
くきがのびて葉がしげり，花がさく

---

## 3 ヒマワリの花の様子を観察・記録し，話し合う

　ヒマワリの花が咲いたら，学級園等に行ってヒマワリの花を観察する。

T　ヒマワリの花を見て，気づいたことを発表しましょう。
C　自分の顔より大きな花です。
C　花びらの色は，黄色です。
T　ヒマワリの花は，大きな1つの花のように見えますが，タンポポの花と同じで，たくさんの花が集まって1つの花の形を作っています。

## 4 ヒマワリの葉・茎のようすを観察・記録し，話し合う

　成長したヒマワリの葉や茎の観察・記録をする。

T　花を咲かせているヒマワリの葉や茎の様子についても，気づいたことを発表しましょう。
C　葉の数が増えてきました。
C　葉は大きくなっていて，手のひらの3倍ぐらいありました。
C　茎の太さは，2cmぐらいありました。
C　全体の高さは，わたしの背の高さよりずっと高くて，3mを超えていました。
T　ヒマワリなどの植物は，くきがのびて葉がしげり，花がさいて育っていきますね。
T　植物はこの後，どのように育っていくのか，観察を続けましょう。

# 実やたねができるころの植物を調べよう

板書例

## 〔問題〕　花がさいたあと どうなっていくのだろうか

ホウセンカ

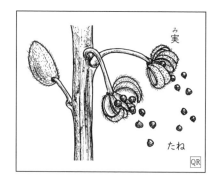

※ホウセンカの実・タネの実物を貼る。

**1**　・実，たね

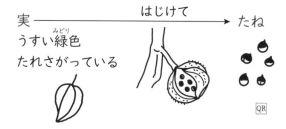

実　　　　　　　はじけて　　　　→　たね
うすい緑色
たれさがっている

**2**　・葉——茶色になってかれはじめている
　　・くき—茶色になっている

POINT　自然の中でホウセンカやヒマワリの種子がどのような行方をたどるのか考えさせるのもよいでしょう。

## 1 ホウセンカの実（種）のようすを観察・記録し，発表する

ホウセンカの実（種）ができたら，手で触るなどして観察をし，記録する。

T　実を観察して気づいたことを発表しましょう。
C　うすい緑色をしています。
C　実はたれさがっていました。
C　実の先がとがっています。
C　実には白い毛が生えていました。

T　実をとって，指でさわってみましょう。
C　さわると，実がはじけて種がでてきました。
C　春にまいた種と同じだ。
T　種のスケッチをしましょう。（スケッチする）
T　はじけた種が下に落ちて，芽生えるのです。
C　そうか，その種がまた育っていくんだね。
T　そう，なかまを増やすための種です。

## 2 ホウセンカの葉・茎のようすを観察・記録し，発表する

成長したホウセンカの葉や茎の観察・記録をする。

T　実（種）ができ始めたホウセンカの葉や茎の様子について気づいたことを発表しましょう。
C　茎は少し茶色になっています。
C　葉は茶色になって，枯れてきました。
C　花の咲いた後に実ができていました。実の中に種がありました。
C　茎の高さは，60cmぐらいになっていました。

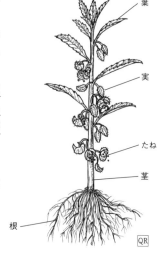

葉
実
たね
茎
根

ヒマワリ

**3** ・たね―たくさんできている

（1000こぐらい）

大きく
しまもようがある

**4** ・葉――かれたようになって
　　　　しわしわしている
・くき―すごく太い
・根――長く, しっかりしている

〔まとめ〕
・花がさいたあとには, 実ができる
・実の中には たねができている

### QR

・画像

その他多数

---

## 3 ヒマワリの花・種（実）のようすを観察・記録し, 発表する

　ヒマワリの種（実）も手で触るなどして観察・記録する。特に, ヒマワリの頭花は, 種（実）の集まりとなっていることを観察する。

T　観察して気づいたことを発表しましょう。
C　黄色だった花が, 茶色っぽくなっています。
C　花が下を向いています。
C　花のあとに種がたくさんできていました。
C　春にまいた種と同じだよ。
T　種のスケッチをしましょう。（スケッチする）
T　花が下向きなのは, できた種が下に落ちるようになっているのです。次に 1 つの花にどれだけ種ができているか, 数えてみましょう。
　　各グループで分担をして, 種の数を数える。
C　1000 個以上あります。
C　次に咲くためにたくさん種を作るのかな。
T　そう, なかまを残し, 増やすための種ですね。

## 4 ヒマワリの葉・茎・根のようすを観察・記録し, 発表する

　成長したヒマワリの葉や茎の観察・記録をする。

T　種（実）ができ始めたヒマワリの葉・茎の様子について気づいたことを発表しましょう。
C　茎が太くなっていました。
C　花が咲いた後, 下を向いていました。
C　葉は枯れたみたいにしわしわでした。
T　根はどのように育っていましたか。
C　根も長くなって土の中に広がっていました。
C　がっしりした感じがしました。
T　ヒマワリの根はしっかり広がっていますね。なぜでしょうか。
C　茎や葉や実を支えるためかな。
T　そう, ヒマワリの根がしっかりしているのは, 長い茎や大きな葉・実を支えるためです。根を長くのばして, 根を増やして, 土の中に広がっているのです。

板書例

〔問題〕 植物はどのようにして なかまを
ふやすのだろうか

**1** 〈空をとぶたね〉── 風

・タンポポ … わた毛（小さいたね），1つ1つがとんでいく
・ススキ
・もみじ（イロハモミジ）

**2** 〈くっつくたね〉──ヒトや動物のからだ

・オナモミ … とげとげで くっつく
・アメリカセンダングサ
・ヌスビトハギ
・チカラシバ

POINT 種子をより遠くまで移動させるしくみを考えさせるのもよいでしょう。

## 1 飛ぶ種（タンポポ）を観察する

風で飛ばされる種として，タンポポを取り上げる。

T タンポポは，花が咲いた後に綿毛のようになったものができます。この綿毛のどこに種（実）があるでしょうか。

C 1本の綿毛の下の方に小さい種があります。

T そうですね。たくさんの綿毛の下に種がついています。1つ取り出して見てみると，傘のような形をしています。これは風に吹かれて飛びやすくするためです。落ちたところで，芽を出します。それでは，タンポポの綿毛や種を虫眼鏡で観察し，飛ばしてみましょう。

綿毛から種を採取すれば，簡単に種からタンポポを育てることができる。（セイヨウタンポポがよい）プランターや鉢に種をまき，日当たりのよい場所で水やりをして管理していれば自然に発芽する。また，水をふくませた脱脂綿にまいても発芽する。

## 2 くっつく種（実）（オオオナモミ・ヌスビトハギ）を観察する

オオオナモミの種の観察に虫眼鏡を使用するが，より見やすい双眼実体顕微鏡で観察させるのもよい。

T オオオナモミの種（実）を，虫眼鏡を使って観察しましょう。

C とげとげが見えます。先が曲がっています。

T このとげとげは，動物や人の体にくっつくようにできています。このように動物や人の体について運ばれる種を昔から『ひっつき虫（くっつき虫）』と呼んでいました。

C 他にも，とげとげのある種があるのかな。

T 草むらを歩いているとズボンなどにつく種は，他にもヌスビトハギ，アメリカセンダングサ，チカラシバなどがあります。

ヌスビトハギ

アメリカセンダングサ

チカラシバ

| 準備物 | ・種，実（タンポポ，オオオナモミ，ホウセンカ，ナンテンなど）<br>・虫眼鏡　　　・双眼実体顕微鏡 |
|---|---|

**3** 〈はじけるたね〉────とばす

　　・ホウセンカ ─────

　　・カタバミ

　　・スミレ　など

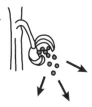

**4** 〈ころがったり食べられたりするたね〉

　　・ドングリ────

　　・ナンテンの実

[まとめ]
たねは，風でとんだりくっついて運ばれたりして，
いろいろなところにちらばっていく

**QR**

・画像

オオオナモミの実（左上）　実単に，実の端がとんだりくっつがあるので　動物などにひっついてたね運ばれる

ナンテンの実（左右）　赤い実で，鳥たちが食べてくれる。そして，種が運ばれる。

その他多数

---

**3 はじける種（ホウセンカ・スミレ・カタバミ）を観察する**

　ホウセンカのはじける前の実を用意する。実が熟して乾燥すると茶色くなり，人が手で触らなくても自然にはじけて種が飛んでいく。

T　ホウセンカの実は，茶色くなると，袋がはじけて中から種が出てきましたね。はじけるときはどんなふうでしたか。

C　ちょっと触っただけではじけました。

C　種は，足元より遠いところまで飛びました。

T　この種も，少しでも遠くに種が飛んで，そこで芽を出そうとしているのです。このようにはじける種は，他にアサガオ，オクラ，ヤマユリ，カタバミ，スミレなどがあります。

カタバミ

スミレ

**4 ころがる種・食べられる種（ナンテン・クヌギ）を観察する**

　クヌギの種＝どんぐりを各グループに配る。

T　植物は，風でとんだり，他の物にくっついたりして，遠くへ種を運ぼうとしています。このクヌギの種はどのようにして運ばれると思いますか。

C　形が丸いからころがって遠くに行くのかな。

T　クヌギの種は重いので，風が吹いたりすると地上に落ちます。そして丸いため，坂などではころがっていきます。

C　それで木から離れた所で芽を出すのだね。

T　動物に食べられて，遠くへ運ばれる種もあります。ナンテンの実は鳥に食べられて運ばれ，フンにまじって落とされます。

ナンテン

T　植物は，自分たちのなかまを増やすために，いろいろ工夫していることがよくわかりますね。

# ホウセンカとヒマワリの一生を まとめよう

板書例

〔問題〕 植物は，たねからどのようなじゅんじょで 育ってきたのだろうか

**1**　たね ➡ めがでる ➡ 大きくなる ➡ 花がひらく ➡ 実（たね）ができる ➡ かれる

ホウセンカ

| 春 | | 夏 | | | 秋 | | |
|---|---|---|---|---|---|---|---|
| 4月 | 5月 | 6月 | 7月 | 8月 | 9月 | 10月 | 11月 |

**2**　たね ➡ めがでる ➡ 大きくなる ➡ 花がひらく ➡ 実（たね）ができる ➡ かれる

ヒマワリ

POINT　イラストや写真だけでなく，用語を使いながら言葉でも成長の過程を表現させましょう。

# 1 ホウセンカの育ち方をふり返る

　春からの成長記録をもとに，ホウセンカの一生（子葉・葉・花・実・種）をまとめる。

T　ホウセンカの成長のようすをふり返りましょう。まず春に種をまいて，はじめに出てきたものは何でしたか。

C　はじめは，子葉です。

T　次は，どうなりましたか。

C　その次は葉（本葉）が出てきました。そして，夏になると背がのびて花も咲きました。

T　秋になると？

C　ホウセンカの実が熟してきました。

T　そして，その実の中には何がありましたか。

C　種ができていました。

T　そうですね。実からたくさんの種をはじき出して，なかまを増やしていくのです。

T　最後に，各グループでホウセンカの一生を模造紙に書いてまとめましょう。

　各グループでまとめたものを掲示する。

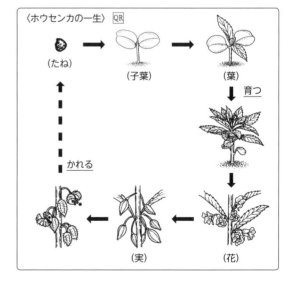

〈ホウセンカの一生〉

（たね）　（子葉）　（葉）　育つ　かれる　（実）　（花）

**3** 〈植物の一生〉

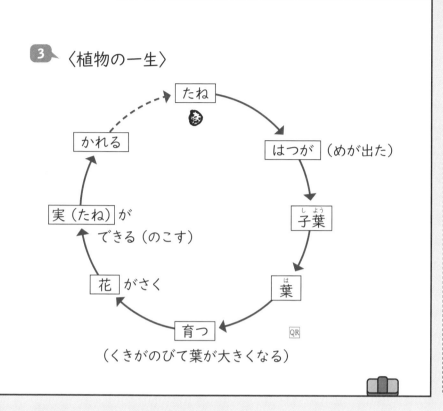

たね

↓ はつが（めが出た）

↓ 子葉（しよう）

↓ 葉（は）

↓ 育つ（くきがのびて葉が大きくなる）

↓ 花がさく

↓ 実（たね）ができる（のこす）

↓ かれる

---

**QR**

・画像

ヒマワリの種　種は灰白色で　長さ1cmくらい。

ヒマワリの子葉と本葉　種のからをぬいで、双葉が出てくる。本葉が出てくると、本葉は太陽の方を向く。

その他多数

---

## 2 ヒマワリの育ち方をふり返る

　春からの成長記録をもとに, ヒマワリの一生（子葉・葉・花・種）をまとめる。

T　ヒマワリの成長をまとめましょう。種をまいたのはいつですか。
C　春です。
T　しばらくして, 出てきたものは何でしたか。
C　子葉が出てきました。
T　その次は？
C　葉が出てきました。
C　そして, 背が伸びて夏になると花も咲いてきました。
C　秋には, ヒマワリの種が熟してきました。
T　ヒマワリは, たくさんの種を落として, なかまを増やしていくのですね。最後に, 各グループでヒマワリの一生を模造紙にまとめましょう。

　各グループでまとめたものを掲示する。

## 3 植物の一生をまとめる

T　春から秋までホウセンカやヒマワリの育ち方を観察し, 記録してきました。そして, 最後に育ち方をまとめました。ここで, わかったことをまとめておきましょう。

・種から始まる植物の一生（その育ち方）には決まった順番があります。
・種は発芽し, 始めに子葉が出て, その後には葉が出てきます。茎や葉が大きく育ち, 花が咲きます。
・花が咲いた後, 実ができ, 実の中に種ができます。そして, 植物は枯れますが, 残された種はまた発芽して, 次のなかまを増やすために成長します。

| | たね | 子葉が出る |
|---|---|---|
| オクラ | | |
| ダイズ | | |
| マリーゴールド | | |
| ワタ | | |
| ピーマン | | |

| 育つ | 花がさく | 実ができ，かれる |
| --- | --- | --- |

しぜんのかんさつ・植物を育てよう　　35

# チョウの育ち方・こん虫の育ち方

## ◎ 学習にあたって ◎

### ◉ 何を学ぶのか

　中学年は，虫をはじめ，生き物を捕ったり飼ったりする子どもが多くなるときです。この時期に，チョウやバッタなどいろんな昆虫に触れさせます。学習の中心は，チョウを育てながら，卵→幼虫→さなぎ→成虫，また卵→という変化（変態）のきまりをとらえさせ，生命のつながりに気づかせることです。その過程で，「卵を産む」「食べて大きくなる」「糞をすること」など，生物の基本と，成長には決まった順序があることに目を向けさせます。また，不完全変態をするバッタやトンボなど他の昆虫も取り上げ，昆虫の多様性にも気づかせます。

### ◉ どのように学ぶのか

　卵から成虫になるまでの順序を学ぶだけなら，図鑑や資料，映像を使っても可能です。しかし，ここでは卵をとりに行き，クラスで，グループで，あるいは個人で育てるなど，実物のチョウと向き合って学ぶところに価値があります。「ぼく（たち）のチョウ」を育てることを通して，子どもは「生きている（生命）」を実感し，知識だけではない自然への驚きや感性が育まれるのです。近年，バッタなどの「虫捕り」を経験していない子どもも多いようです。地域の自然に応じて，ぜひさせたい活動です。また，授業では「観察」が多くなります。どこを見るのかという観点や，比較して見るという見方も指導します。

### ◉ 留意点・他

　主教材は，モンシロチョウ，またはアゲハです。どちらでもよいのですが，大きさや幼虫の変化などは，アゲハの方が観察しやすいかもしれません。なお，卵や幼虫の採集や飼育のためには，学校の一画に無農薬のキャベツ畑や，ミカン類の木を植えておくとよいでしょう。チョウが卵を産みに来ます。また，その場所は生き物（チョウ）のすみか（＝食べ物と繁殖の場）だと気づかせる上でも，有効な場所となります。

## ◎ 評　価 ◎

| 知識および技能 | ・チョウは卵で子孫を残し，卵→幼虫→さなぎ→成虫の順に姿を変えて（変態）成長することがわかる。<br>・バッタやトンボ，セミのように，さなぎの時期がなく幼虫から成虫になる昆虫もいることに気づく。<br>・チョウは幼虫のときはキャベツやミカンなどの葉を食べ，成虫になると花の蜜を吸うことがわかる。 |
|---|---|
| 思考力，判断力，表現力等 | ・モンシロチョウやアゲハの食べ物を考えて与え，成虫まで飼育をすることができる。<br>・チョウの成長にしたがって，その時々の観察記録をかくことができる。 |
| 主体的に学習に取り組む態度 | ・チョウの生活の場は，食べ物や繁殖とつながりがあることに気づき，昆虫のすみかや環境に関心を持っている。 |

◇ 教科書でも「育てる」教材としてモンシロチョウとアゲハの2つが出ています。ここでも，どちらを取り上げてもいいように，卵から幼虫までの学習（第1時〜4時）は，両方の内容を載せています。（モンシロチョウがA案，アゲハがB案）

◇ 第8時の【広げよう】の時間での虫捕りは，「総合」の時間の活用も考えられます。地域の自然学習という位置づけで，できれば2時間使えるとゆとりある活動ができます。

| 次 | 時 | 題 | 目標 | 主な学習活動 |
|---|---|---|---|---|
| チョウの育ち方 | 1・2 | （A案）モンシロチョウのたまごを見つけて育てるじゅんびをしよう | モンシロチョウは，キャベツなどの葉に卵を産みつけていることがわかる。また，その育て方がわかり，飼育する準備ができる。 | ・キャベツ畑（アゲハはミカンの木）に行き，チョウの卵を探して採集する。<br>・卵を観察し，チョウの育て方を調べ，飼う準備をする。 |
| | | （B案）アゲハのたまごを見つけて育てるじゅんびをしよう | アゲハは，ミカンなどの木の葉に卵を産みつけていることがわかる。また，その育て方がわかり，飼育する準備ができる。 | |
| | 3・4 | （A案）モンシロチョウのよう虫の形や動きをかんさつしよう | モンシロチョウの卵からは，幼虫が出てきてキャベツの葉を食べ，脱皮をして成長していくことがわかる。 | ・1齢から4齢まで，また5齢の幼虫の体を観察して，あしなど体のつくりと動きを調べる。また，見つけたことを話し合い，絵と短い文とで表現する。 |
| | | （B案）アゲハのよう虫の形や動きをかんさつしよう | 卵から出てきたアゲハの幼虫は，ミカンの葉を食べて，糞をして成長していく（大きくなる）ことがわかる。 | |
| | | 大きくなったアゲハのよう虫をかんさつしよう | アゲハの幼虫は，脱皮して大きく育っていくこと，葉の上でくらしやすい体のつくりをしていることがわかる。 | |
| | 5 | チョウのさなぎのからだをかんさつしよう | チョウの幼虫は，やがてさなぎになることがわかり，さなぎはチョウの成虫になることを知る。 | ・幼虫からさなぎになる様子や，さなぎの体を観察する。また，さなぎがその後成虫になっていくことについて話し合う。 |
| | 6 | チョウのせい虫のからだと食べものを調べよう | チョウはさなぎから成虫に姿を変えて体の形も食べ物も変わることと，卵から成虫までの成長の順序がわかる。 | ・さなぎから成虫が出てくることを調べ，幼虫の体と比べながら成虫の体を観察する。<br>・卵から成虫までの育ち方の順序をふり返る。<br>・口と，蜜（砂糖水）を吸う様子を観察する。 |
| チョウの体 | 7 | チョウのせい虫のからだのつくりを調べよう | チョウの成虫の体は頭，胸，腹の3つの部分があり，頭に目，触覚，口が，胸に羽4枚とあし6本があるとわかる。 | ・成虫の体を観察し，頭，胸，腹などの名称と役割を調べる。また，チョウのように体が3つの部分でできていて，あしが6本ある虫を昆虫ということを話し合う。 |
| （さなぎにならない虫）こん虫の育ち方 | 8 | バッタのからだと育ち方を調べよう | 幼虫が成虫とよく似ているバッタやカマキリなどの昆虫は，さなぎにならないで成虫になることに気づく。 | ・成虫とよく似た姿のバッタの幼虫を観察し，バッタの成長の順序を教科書などで調べる。（バッタを飼い育てる準備をする）<br>・校区の草原に行き，どんな虫がいるかを探す。バッタやカマキリ，キリギリス，コオロギなど，草原にすむ虫の幼虫を捕えて観察する。 |
| | 9 | チョウとバッタの一生をくらべよう | バッタのほかに，トンボ，セミなどは，幼虫からさなぎにならないで成虫になる（不完全変態）ことがわかる。 | ・チョウの育ち方と比較して，バッタの育ち方をまとめる。バッタのほかにもさなぎにならないで成虫になる虫（トンボなど）がいることを調べる。<br>※トンボの幼虫を育ててもよい。 |

# モンシロチョウのたまごを見つけて
# 育てるじゅんびをしよう

板書例

**め** モンシロチョウのたまごを見つけて，
育てるじゅんびをしよう

**1** 〔かんさつ〕
モンシロチョウ

花に　　　　　　　　　キャベツに

みつを　　　　　　　　たまごを
すいにくる　　　　　　うみにくる
　　　　　　　　　　　（いのちのはじまり）

**2** 〔かんさつ〕
たまご

├ 1 mm

・1mmくらい
・少し細長い形
・黄色

POINT　キャベツの葉の裏の卵の写真を共有し，なぜその場所に卵を産んだのか考えさせましょう。

## 1 モンシロチョウのくらしの場（食べ物と卵を産むところ）について話し合う

T　（花やキャベツ畑にいるモンシロチョウの写真を見せる）
　このチョウの名前を知っていますか。

C　モンシロチョウです。見たことあるよ！

T　花にとまっているモンシロチョウは何をしていると思いますか。

C　休んでいるのかな？

C　花の蜜を吸っているのだと思います。

T　そうですよ。モンシロチョウ（の親）の食べ物は，花の蜜なのです。

T　では，キャベツ畑を飛んでいるモンシロチョウは，何をしていると思いますか。花はありませんね。

C　卵を産んでいる？…のじゃないかなあ。

T　では，モンシロチョウは，キャベツに卵を産むのかどうか，教科書で調べましょう。

　食べ物があり，産卵する場所が，くらしの場といえる。

## 2 モンシロチョウの卵について調べ，探しに行き，採取する

　まず教科書で，モンシロチョウはキャベツの葉に卵を産みつけることや，卵の形・大きさを調べさせる。このことが，『自分でも見つけたい』という意欲につながる。

T　モンシロチョウはどこに卵を産むのですか。

C　やっぱりキャベツの葉でした。

T　卵を産むところは決まっているようです。卵はどんな形で，大きさはどれくらいですか。

C　細長い形です。色は黄色です。

C　大きさは，1mmくらいです。

T　では，キャベツ畑で卵を探してみましょう。

T　キャベツの葉の裏側も探しましょうね。

　見つけた児童には周囲の友だちに見せるよう促す。実物の卵をまず見せたい。キャベツ以外のアブラナ科の植物でも見つけられる。見つけた卵は，葉と一緒にとらせて持ち帰る。幼虫もいれば持ち帰るようにする。

<table>
<tr><td>準<br>備<br>物</td><td>・前年度に学級園等にキャベツを植えておく<br>・モンシロチョウの図や図鑑<br>・虫眼鏡 ・観察カード QR ・飼育用具</td><td>I<br>C<br>T</td><td>モンシロチョウの写真を送り，くらし<br>（食べ物やよく見かける場所など）につ<br>いて話し合わせましょう。</td></tr>
</table>

**QR**

・画像

その他

---

**3** かんさつ

## モンシロチョウとたまご
キャベツの葉（のうらがわ）に
たまごをうんでいる

**4** ## モンシロチョウを育てよう（しいく）

・<u>キャベツの葉を入れる</u> → とりかえる
（食べもの）

・ふんのそうじ

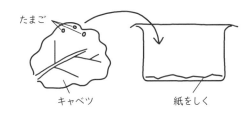

たまご

キャベツ

紙をしく

---

**3** 卵を観察し，見つけたことを話し合う

教室で，教科書も見ながら虫眼鏡で卵を観察する。

T 見つけたことを発表しましょう。

C <u>葉の裏にたくさん卵がありました。</u>

C とても小さくて<u>1mm くらい</u>です。

C 長くて丸い形で，筋みたいなのがある。

ノートにかいた絵を数人指名して黒板にかかせる。

T 葉の表ではなくて裏側に卵を産んでおくと，何か
よいことがあるのでしょうか。

C 他の虫に見つかりにくい。食べられない。

C 雨もかからないし暑くない。卵が守られる。

T では，<u>キャベツの葉に卵を産んでおくと，何か都
合のよいことがあるのでしょうか。</u>

意見がでなければ教科書で確かめさせる。

C <u>卵から出てきた幼虫がキャベツの葉を食べるから</u>
です。

C だから，食べ物の上に卵を産んでおくのか。

**4** 飼い方を調べて飼育する準備をする

T 卵はその後どうなって，どのようにモンシロチョ
ウになっていくのか，グループでこれから育ててい
く準備をしましょう。

要るものや飼い方などを教科書で調べ，準備をする。

〈飼い方例〉 QR

※食べ物の上がすみかになる。

穴を開けておく。

葉の切り口を，しめらせ
た紙でつつんで，さらに
アルミニウム箔で包む。

底には紙をしき，汚れた
ら取り替える。

丸い透明パックも
容器に使える。

卵や幼虫のついた
キャベツを鉢植え
にして，教室に置
いてもよい。下に
紙や箱をしく。

# アゲハのたまごを見つけて育てるじゅんびをしよう

アゲハは，ミカンなどの木の葉に卵を産みつけていることがわかる。また，その育て方がわかり，飼育する準備ができる。

板書例

**め** アゲハのたまごを見つけて，育てる(そだ)じゅんびをしよう

**1** かんさつ　アゲハ

花に
みつをすいにくる

ミカンの木の葉(は)に
（ほかにサンショウなど）

たまごをうみにくる
（いのちのはじまり）

QR

**2** かんさつ　たまご

1mm

・1mmくらい
・丸い形
・黄色

**POINT** ミカンの葉の上にある卵の写真を共有し，なぜその場所に卵を産んだのか考えさせましょう。

## 1 アゲハのくらしについて話し合う

T （花にとまるアゲハやミカンの木の近くを飛ぶアゲハの写真（画像）を見せる）

　このチョウの名前を知っていますか。

C アゲハチョウ？

T アゲハチョウと呼ぶこともありますが，アゲハといいます。花にとまっているアゲハは何をしているのでしょうか。

C 花の蜜を吸っていると思います。

T そう，アゲハの食べ物は花の蜜なのです。

T では，ミカン（またはサンショウ）の木の辺りを飛び回っているアゲハは何をしていると思いますか。何もしていないのかな。

C 卵を産んでいるのかなあ。

T では，アゲハはミカンの木に卵を産みつけるのか，教科書で調べてみましょう。

　食べ物があり産卵する場所が，くらしの場といえる。

## 2 アゲハの卵について調べ，ミカンの木などで卵を探して採取する

　教科書を使って，アゲハはミカンなどの木の葉に卵を産むことや卵の形や大きさを調べさせる。このことが『探したい』という意欲づけにもなる。

T アゲハは，卵をどこに産むのですか。

C ミカンやサンショウの木の葉です。

T 卵を産む木の葉は決まっているようです。卵はどんな形で大きさはどれくらいですか。

C 大きさは1mmくらい，丸い形で，黄色です。

T では，アゲハの卵を探しに行きましょう。

　ミカンの木などのある場所でグループごとに探させる。1つ見つかったら卵の実物を見せ，探す手がかりにさせる。

　現地で指導することは次のようなことである。

・卵がついていた葉（枝）ごと持ち帰る。

・幼虫も見つかれば，それも枝ごと持ち帰る。

| 準備物 | ・アゲハの図や図鑑<br>・虫眼鏡　　　・観察カード [QR]<br>・飼育用具（グループごとに） | I<br>C<br>T | アゲハの写真を送り，くらし（食べ物や<br>よく見かける場所など）について話し合<br>わせましょう。 |  |
|---|---|---|---|---|

**3** （かんさつ）

アゲハとたまご

ミカン（サンショウ）の葉に
たまごをうんでいる

**4** アゲハを育てよう（しいく）

・ミカンの葉を入れる　→　とりかえる
（食べもの）

・ふんのそうじ

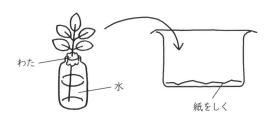

わた　　　水　　　紙をしく

QR

・画像

花のみつをすうアゲハ

その他

---

**3** 卵を観察し，見つけたことを話し合う

　教室では，教科書と見比べながら卵を観察する。

T　とってきた卵を虫眼鏡で見て，見つけたことを
　ノートに書いて発表しましょう。

C　卵はとても小さいです。1mmくらい。

C　卵は，葉の裏側に産んでいました。

T　葉の裏側に卵を産んでおくと，何か都合のいいこ
　とがあるのでしょうか。

C　雨よけとか，涼しいとか？

C　見つかりにくくて，卵が守られる。

　観察カードにスケッチさせて言葉も添えさせる。

T　アゲハがミカンなどの木の葉に卵を産むと何か
　（都合の）よいことがあるのでしょうか。

　意見がでなければ教科書で確かめさせる。

C　卵から出てきた幼虫がミカンの葉を食べるようで
　す。えさの上に卵を産んでおくと，食べ物に困らな
　いからかな？

**4** 飼い方を調べて，飼育する準備をする

T　では，卵はその後，どのようにしてアゲハになっ
　ていくのか，グループで育てる準備をしましょう。

　要るものや飼い方などを教科書で調べ，準備をする。

〈飼い方例〉 [QR]

※ミカンの葉などえさになる植物が枯れないようにする。

底には紙をしき，
フンのそうじをする。

切り口をしめらせた紙でつつんで，
さらにアルミニウム箔で包み，しお
れないようにする。

水

ワンカップなどのふたに
十字の切れ目を入れて枝
を差してもよい。

# モンシロチョウのよう虫の形や動きをかんさつしよう

本時の目標 モンシロチョウの卵からは，幼虫が出てきてキャベツの葉を食べ，脱皮をして成長していくことがわかる。

板書例

〔問題〕 **チョウはたまごから，どのように育っていくのだろうか**

**1** たまごから…そのあとは？

たまご → │ **よう虫（ちゅう）** │ ──→ 〔大きいよう虫〕
　　　　　　　　　　　　　　皮（かわ）をぬぐ
　　　　　　　　　　　　　　（だっぴ）

**2** かんさつ

**モンシロチョウのよう虫**

・キャベツの葉（は）を食べて
・皮をぬいで（だっぴ）
・からだが大きくなっていく

POINT つめあしやいぼあしの違いに注目させて，形や役割の違いを実感させるのもよいでしょう。

---

## 1 チョウの卵は，その後「幼虫」になることを知る

T　この前に採ったモンシロチョウの卵は，そのあとどうなっているでしょうか。

C　青虫になっている，と思います。

T　グループごとに見て確かめてみましょう。

C　葉の上に青虫がいるよ。

C　大きさはいろいろだけど，すごく小さいのは3mmくらいかな。

T　この小さな虫は，卵から出てきたものです。この虫を「幼虫」といいます。言ってみましょう。（「幼虫」という用語をここで教える

C　（みんなで一斉に）「幼虫」。

T　卵からすぐにモンシロチョウ（成虫）が出てくるのではありませんね。教科書で幼虫が卵から出てくるところを見てみましょう。

C　出てきたときは毛虫みたい…「卵の殻を食べる」そうです。

## 2 幼虫の形や動きを観察する

T　卵からは，幼虫が出てくることがわかりました。出てきた幼虫はそのあとどうなっていくのでしょう。中には大きな幼虫もいますね。

C　今大きい幼虫も，もとは小さかったのかな。

C　キャベツを食べて大きくなるみたい。

　　幼虫は大きい方が観察しやすい。1，2齢の幼虫の他，始めに採集した3，5齢の幼虫もあれば見せる。

T　幼虫を観察して，見つけたことをかきましょう。見るところは①体のつくり，②していること（動き）の2つです。

C　キャベツの葉をあしではさんで食べている。

C　黒いフンがいっぱい。フンは丸い形だな。

T　ペトリ皿に移してやるとあしもよく見えます。下や横からも虫眼鏡で見てみましょう。

C　あしがたくさん…16本ある。

C　とがったあしもあるね。

**QR**

・画像

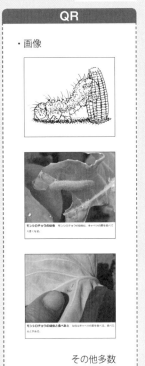

その他多数

**3** かんさつ

**4** よう虫のからだ

・<u>緑色</u>（葉の色？）
みどりいろ

・<u>たくさんのあし</u>
　（葉からおちにくい）

・<u>からだにすじ（ふし）がある</u>

（6本）あし （10本）　ふん

〔まとめ〕
　モンシロチョウのよう虫は，
　キャベツの葉を食べて　ふんをして
　だっぴをして　→　大きくなる

---

**3** 幼虫の体と，幼虫がしていることで見つけたことを話し合う

　幼虫の『体のつくり』と『していること』に分けて，見つけたことを発表させる。

T　幼虫の体のことで，見つけたことは？
C　どれも緑色で，あしがたくさんありました。
T　あしは何本か，数えられましたか。
C　前の方のとがったあしは6本です。
C　丸いあしは10本です。全部で16本。
C　さかさまにしても，あしでひっついています。キャベツの葉から落ちません。
T　幼虫がしていることは，どんなことでしたか。
C　<u>キャベツの葉を，ずーっと食べていました。</u>
C　<u>ふんもたくさんしていました。</u>
C　<u>皮を脱いでいる幼虫もいました。</u>
T　幼虫が皮を脱ぐことを「脱皮」と言います。チョウは皮を脱いで大きくなっていくのです。幼虫は4回脱皮します。（教科書で確かめる）

**4** 本時をふり返り，幼虫を絵に描く。

T　幼虫の体とくらしをまとめてみましょう。モンシロチョウの幼虫はキャベツの葉の上で，キャベツの葉を食べて，ふんもして，脱皮をして大きく育っていくのですね。
T　<u>幼虫を絵にかきましょう。見つけたことをもとにして，まず先生がかいてみます。形は？　あしの数は？</u>（児童に前に描きに来させてもよい）
C　こんな形で，筋（体節）もあります。
C　あしは前6本とうしろ10本です。

　みんなで確認した後，各自でもかかせる。

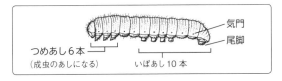

つめあし6本　　　　　　　　　　気門
（成虫のあしになる）　　いぼあし10本　尾脚

T　ところで，体の色が緑色をしていると何か（都合の）いいことがあるのでしょうか。
C　葉の緑色と同じだと見つかりにくいのかな？

# アゲハのよう虫の形や動きを かんさつしよう

本時の目標：卵から出てきたアゲハの幼虫は，ミカンの葉を食べて，糞をして成長していく（大きくなる）ことがわかる。

板書例

〔問題〕 アゲハはたまごから どのように 育(そだ)っていくのだろうか

**1** たまごから…そのあとは？

たまご → | よう虫(ちゅう) | ———→ 〔大きいよう虫〕
皮(かわ)をぬぐ
（だっぴ）

**2** かんさつ

アゲハのよう虫

・ミカンの葉(は)を食べて（ふん）

・皮をぬいで（だっぴ）

・からだが大きくなっていく（せい長）

※さまざまな成長段階の幼虫の写真を貼ってもよい。

POINT つめあしやいぼあしの違いに注目させて，形や役割の違いを実感させるのもよいでしょう。

## 1 アゲハの卵から幼虫が出てきたことを観察し，話し合う

T この前に採りに行ったアゲハの卵は，その後どうなっていると思いますか。

C 青虫になっていると思います。

C 毛虫になっていると思います。とりに行ったとき，ミカンの葉に毛虫がいたからです。

T では，飼育ケースで見てみましょう。

C 葉の上に小さな虫がいます。

C ぼくたちの虫は，茶（黒）色に白いもようがあります。

T この小さな虫は卵から出てきた虫です。この虫を「幼虫」といいます。アゲハの卵からアゲハ（成虫）が出てくるのではありませんね。

青虫や毛虫ではなく，科学の言葉として「幼虫」を教え，児童にも言わせて使えるようにする。

教科書でも，卵からどのように幼虫になったのか確かめる。

## 2 1齢から4齢までの幼虫の体や行動（していること）を観察する

T 卵から出てきた小さな幼虫は，その後どうなるのでしょう。幼虫の中には大きい幼虫もいますね。
（様々な段階の幼虫がいることを確かめる）

C 幼虫は，葉を食べて大きくなっていくのかな。

いくつかの成長段階の幼虫の写真があれば，掲示して見比べさせ，確かめるとよい。

生まれて間もない幼虫（1齢） 脱皮 3回 QR 大きくなった幼虫（4齢）

T では，この幼虫を見て見つけたことをかきましょう。見るところは①幼虫の体のこと，②幼虫のしていること，の2つです。

幼虫を観察するときは，ポリのペトリ皿などに葉ごと移すとよい。1齢だけでなく3齢や4齢の幼虫が大きくて見やすい。下からも横からも見るよう助言し，虫眼鏡も使わせる。

<table>
<tr><td>準備物</td><td>・飼育している幼虫（グループごと）<br>・ペトリ皿　　・虫眼鏡　　・観察カード QR<br>・掲示用の幼虫の写真 QR　　・科学読み物</td><td>I<br>C<br>T</td><td>写真やイラストを並び替えさせるなどして，アゲハの成長の様子を思い出させましょう。</td></tr>
</table>

**QR**

・画像

その他

---

3 ［かんさつ］

4 よう虫のからだ

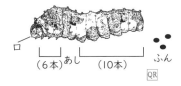

・茶色と白のもよう
（鳥のふんみたい）

・たくさんのあし
（葉の上でくらす）

・からだにすじ（ふし）がある

〔まとめ〕

アゲハのよう虫は，ミカンの葉を
食べて，ふんをして
だっぴをして　→　大きくなる

---

## 3 幼虫の体と，幼虫がしていることで，見つけたことを話し合う

　児童の発言は多様なので，体のことと，していること（動き，行動）とを板書で区別し，整理する。

　※あしの数はわかりにくい。次時で観察する。

T　見つけたことを発表しましょう。
C　色は茶色い色をしています。
C　あしがたくさんあります。目はどこかなあ。
C　逆さまでも落ちない。葉にくっついている。
C　皮を脱いでいる（脱皮）幼虫がいました。
C　おしりから糞を出している幼虫がいました。ケースの中にも糞がいっぱい落ちています。
T　では，アゲハの幼虫はどんな体をしていて何をしているのか，体とくらしをまとめてみましょう。（茶色で白いもよう＝鳥の糞の擬態）

　児童の発表をまとめながら板書していく。

T　アゲハの幼虫はミカンの葉の上で，葉を食べて，糞を出して大きくなっていくのですね。

## 4 絵と文章で観察カードをかく

T　観察カードに幼虫の絵を描いてみましょう。まず先生が描いてみます。

　話し合ったことを絵にして，黒板に描いていく。児童に描きに来させてもよい。

T　みなさんも描いてみましょう。黒板の絵や教科書の写真を見て描いてもいいですよ。

　感想も書かせてまとめとする。時間に応じて科学読み物のアゲハの幼虫に関わる箇所を読み聞かせる。

【観察の記録，言葉とスケッチによるとらえを】
「よく見て」「ありのままに描いて…」などの言葉かけでは，対象物を絵に描かせるのは難しい。意識に上らないものは見えないからである。その点，3年では，まずとらえたことを言葉にして意識に上らせ，それを絵にしていくのがよい。例えば，「幼虫には白いもようが…」「糞が…」などと見たことを話し合った後では，スケッチの絵にも「白いもよう」や「糞」が描けるようになるものである。また，実写にこだわらず黒板や教科書の絵を見て描くことも悪いことではない。描くことによって見えるものが出てくるからである。

# 大きくなったアゲハのよう虫を かんさつしよう

本時の目標 アゲハの幼虫は，脱皮して大きく育っていくこと，葉の上でくらしやすい体のつくりをしていることがわかる。

板書例

〔問題〕 アゲハのよう虫は，どうやって 大きくなるのだろうか

**1** たまご → │ よう虫 │ ──皮をぬぐ（だっぴ）──→ 〔大きいよう虫〕

**2** かんさつ

大きなよう虫

・ミカンの葉を食べている

・ふんをしている

・あしで葉にとまり，うごく

・黄色いつのを出す，くさいにおい

POINT つめあしやいぼあしの違いに注目させて，形や役割の違いを実感させるのもよいでしょう。

## 1 前時をふり返り，その後のアゲハの幼虫の様子を観察する

まず，前時のふり返りをし，アゲハの幼虫の様子と『幼虫』という言葉の確かめもする。

T 今日は，アゲハの幼虫はその後どうなっているのかを観察して調べましょう。

C 小さいときは茶色と白のもようがあったね。

T では，ケースを持ってきて大きくなったアゲハの幼虫を観察しましょう。

C すごく大きくなって，ミカンの葉を食べているね。

C 色も前とは変わって，緑色になっている。

C さわると黄色い角を出したよ。

## 2 大きくなった幼虫（5齢）の体，幼虫がしていることを話し合う

T 幼虫をペトリ皿に移して詳しく観察し，見つけたことをかいていきます。①体のこと，②していること，どちらのこともかきましょう。

見て回り，よい発見をほめる。大きさ，あし，色，模様，食べる様子，糞のことなど，当たり前のようなことをとりあげて読んでやると，他の児童にも観察の要領がつかめる。

T では，見つけたことを発表しましょう。

C ミカンの葉を食べていました。

C ころころした糞をたくさんしています。

C 前6本と後ろ10本のあしで動いています。

C 葉をひっくり返しても，落ちません。

C 黄色い角を出します。くさいにおいも…。

児童の発表を板書で整理して書きとめていく。

T あしは前に6本と後ろに10本あるようですが，何本あるのか，実際に皿の下からも見て確かめましょう。

46

**3** （かんさつ）

### よう虫のからだ

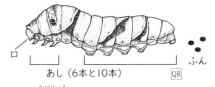

口　　　あし（6本と10本） QR　　　ふん

・緑色のからだ（葉の色と同じ）　→　見つかりにくい
　　　　　　　　　　　　　　　　　　　（身をまもる）

・あし…葉にくっつく

・からだにふしがある

**4** ［まとめ］
アゲハのよう虫は，
ミカンの葉の上で（身をまもりながら）
ミカンの葉を食べて（20まいくらい）大きくなる

QR

・画像

その他

---

## 3　見つけたことがらを絵にしていく

T　この幼虫を，絵に描いてみましょう。

C　体は緑色で模様がある。長さは5cmくらい。

C　体に縦の筋（体節）が何本もあります。

C　あしは右と左で16本でした。

C　頭の方にお面みたいな模様があります。

C　糞もしているので，描きました。

　　児童の言葉を確かめながら，黒板に教師が描いていく。児童にも描かせる。

T　ところで，皮を脱いでいるところを見られたグループはありませんか。

C　頭の方から皮を脱いでいました。

T　この幼虫（5齢）はこれまで4回皮を脱いで大きくなり，色も変わりました。何のために皮を脱ぐのでしょうか。教科書でも調べてみましょう。

## 4　アゲハの幼虫の体と，くらしの場について話し合い，まとめる

T　幼虫はミカンの葉の上でくらしていますが，そこにいると何かよいことがあるのでしょうか。

C　食べ物（ミカンの葉）をいつでも食べることができます。えさの上でくらしているみたい。

C　あしがたくさんあって，まるいあしが葉にくっつくようになっているようです。

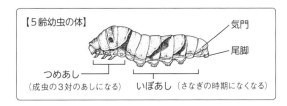

【5齢幼虫の体】
　　　　　　　　　　　　　　　気門
　　　　　　　　　　　　　　　尾脚
つめあし　　　　　　　　いぼあし（さなぎの時期になくなる）
（成虫の3対のあしになる）

T　緑色をしていると，何かよいことがあるのでしょうか。

C　緑色だと緑の葉の上で見つかりにくいのかな。

　　ハチやクモ，鳥などの敵がいることも話し合い，「アゲハの幼虫は，ミカンの葉の上で（身をまもりながら）ミカンの葉を食べて（20まいくらい）大きくなる」とまとめる。

# チョウのさなぎのからだを かんさつしよう

本時の目標　チョウの幼虫は，やがてさなぎになることがわかり，さなぎはチョウの成虫になることを知る。

板書例

〔問題〕　チョウはよう虫から，さなぎ→せい虫（チョウ）へと　どのように育っていくのだろうか

**1** たまご　→　よう虫　→　さなぎ

〔 大きくなったよう虫は　皮をぬいでさなぎになる 〕

**2** かんさつ　さなぎのからだ

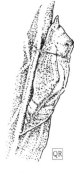

・動かない
・食べない
・ふんもしない

（中で何をしている？）

POINT 幼虫のときに観察したつめあしが成虫にも残っていることに着目させるとよいでしょう。

## 1 幼虫はその後どうなったのか話し合う

T　チョウの幼虫は，その後どうなっていったでしょうか。見た人はいませんか。

C　さなぎになっています。

C　ケースのふたにサナギがついていました。

C　緑色の幼虫から，さなぎになっていました。

　　教室飼育の場合，ふだんからチョウの様子を見ている児童は多く，『さなぎ』という言葉も知っている。

T　よく見ていますね。「さなぎ」というものになるようです。

　　観察できるように，飼育ケース，またはポリのペトリ皿にさなぎを準備させる。

T　ケースの中にさなぎはいますか。4回皮を脱いで（脱皮して）大きくなった幼虫は，もう1回皮を脱いでさなぎになったのです。教科書でも見てみましょう。

　　教科書でもさなぎの姿を確かめ，コピーを掲示する。

## 2 さなぎを見て見つけたことをかき出して話し合う

T　今日は「さなぎ」の観察をします。さなぎの様子を見て，見つけたことをかきましょう。

　　しばらく観察させ，言葉でカードに記録させる。

T　見つけたことを，発表しましょう。

C　色は緑色をしています。

C　さなぎは，細い糸で枝についていました。

C　あしも目もありません。

T　さなぎは，何かを食べていますか。動きは？幼虫のころと比べてみましょう。（対比）

C　何も食べていないし，糞もしていません。

C　大きくもならないみたいです。

C　じっとしていて動きません。

C　幼虫のころとは体も動きもちがいます。

T　では，「さなぎ」の絵を描いてみましょう。

　　見て回り，児童がおよその形と「糸」が捉えられていれば評価する。教師も黒板に描いていく。

**QR**

・画像

キアゲハのさなぎ　かべにあをかけてさなぎになっている。

アゲハの幼虫からさなぎ　うすい緑色は、木のえだなどにあをかけてさなぎになっていく。

さなぎから成虫が出てくる　さなぎから、やがて成虫が出てくる。（羽化）

その他多数

③ さなぎからチョウ（せい虫）がでてくる

④ ［まとめ］
① チョウは、よう虫からさなぎになる
（アゲハ・モンシロチョウ・カイコガも）

② さなぎのとき
親のチョウのからだに、からだをつくりかえている

③ よう虫　→ さなぎ → せい虫（親）
つくりかえ

---

## 3 さなぎはその後どうなっていくのか話し合い、調べる

T　さなぎはその後どうなっていくのでしょうか。

C　チョウ（の成虫）になると思います。

T　では、教科書で調べてみましょう。

　　ここでは、教科書での調べ活動を通して『成虫になるだろう』という見通しを持たせ、その後の観察につないでいる。一方、教科書で調べさせずに、その後を観察させるやり方もある。

T　では、わかったことを発表してください。

C　さなぎはチョウ（成虫）に、なります。

C　さなぎの背中が割れて、中からチョウが出てくるみたいです。

T　教科書には、チョウが出てくると書いてありましたね。みなさんのさなぎが、いつチョウになるのか、これから観察していきましょう。

　　※理科学習では、観察や実験だけでは限界がある。その際、教科書を使った調べ活動は有効である。

## 4 チョウはさなぎの時期に何をしているのかについて考える

幼虫→さなぎ→チョウという成長順を確かめる。

T　さなぎのときは、幼虫とチョウ（成虫）の中間のときですね。さなぎの中で何をしていると思いますか。

C　うーん、チョウになる準備かな？

T　幼虫とチョウでは、姿がまるでちがいます。幼虫の体から、羽のあるチョウの体になるのは大変なことなのです。えさも食べずに「さなぎ」の中でゆっくり体をつくり変えているのです。

幼虫のとがった6本のあしが、成虫のあしになる。

QR

　　さなぎの時期で、羽など成虫の体が透けて見えるような場合、適宜、児童に見せるようにする。

# チョウのせい虫のからだと食べものを調べよう

本時の目標：チョウはさなぎから成虫に姿を変えて体の形も食べ物も変わることと，卵から成虫までの成長の順序がわかる。

板書例

〔問題〕 せい虫（チュウ）はどんなからだで，何を食べているのだろうか

**1**

さなぎ→ せい虫 へ

チョウのさなぎから，チョウが，チョウのすがたで出てくる
＝
せい虫（おや）

※成虫の図を掲示する。

**2** かんさつ

せい虫のからだ

・はね … 4まい
・あし … 6本
・口

のばす

・しょっ角 … 2本
・目 … 2つ

POINT 『花のみつを吸うセセリチョウ』の動画を視聴し，チョウの口の形とその使い方について正しく理解させるとよいでしょう。

## 1 成虫はどこから現れたのか話し合い，調べる

羽化が見られるならその様子を観察する。冷蔵庫を使って羽化の時期を調整し観察させることもできる。無理ならば羽化した成虫を見せ，それを観察させる。

T ケースの中に，これまでいなかったチョウ（成虫）がいますね。このチョウは，どこから現れたのでしょうか。

C さなぎから出てくるところを見ました。からも残っています。

T 本当に，チョウはさなぎから出てきたのでしょうか。教科書で調べてみましょう。

教科書や映像で羽化の瞬間を確かめる。

T チョウはさなぎの中から出てくるのですね。この姿のときを何と言うのでしょうか。

C 『成虫』です。

羽化するとチョウの姿になり，卵を産めるようになる。この姿を『成虫』と呼ぶことを教える。

## 2 成虫の体を観察し，幼虫の時期と比べてとらえる

T チョウの成虫は，『おや』ということもあります。大人になったのです。そして，またキャベツに卵を産むようになるのですね。では，この成虫の体や，していることを観察しましょう。幼虫やさなぎのときとも比べましょう。

幼虫やさなぎの時期との「比較の目」で観察させる。

T では，観察して見つけたことをグループで話し合いましょう。

C あしの数は6本。幼虫のときは16本だったね。

C 大きな4枚の羽もある。

C ひげ（触角）もある。くるくるまいたの（口）が頭にあるよ。

C 目もある。体に毛も生えている。

グループで話し合ったことを発表し，他のグループの発見を自分のグループのチョウでも確かめさせる。

**3** せい虫になるまでと〔食べもの〕

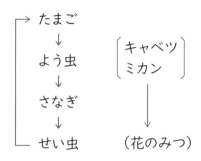

```
┌→ たまご
│    ↓
│  よう虫    ┌キャベツ┐
│    ↓      │ミカン │
│  さなぎ    └───┬──┘
│    ↓          ↓
└─ せい虫      （花のみつ）
```

**4**

〔まとめ〕

①よう虫からさなぎ，せい虫へすがたがかわると，からだのつくりや食べものがかわった

②からだは，はね４まい，あし６本，しょっ角２本，目２つ，ストローのような口でみつをすう

### QR

・動画
「花のみつを吸う
セセリチョウ」

・画像

アゲハのロのかんさつ　さとうみを飲ませると，ストローのようなロがみられる

その他多数

---

## 3 たまごから成虫までの育ちをふり返り，まとめる

　ここで，それぞれの時期の『呼び名』，『姿・形』，『食べ物』，『くらしの場』の４点をふり返り，板書で整理していく。

T　この成虫の初めの姿はどんなものでしたか。どこにありましたか。（答：卵，キャベツの葉）

T　卵は，その後どうなりましたか。（答：幼虫）

T　どこでくらして，何をしていましたか。
　（答：キャベツの葉の上，葉を食べていた）

T　葉を食べて大きくなっていくときが幼虫のときでした。大きくなるときにしたことは？

C　皮を脱ぎました。

　他のチョウの育ち方も教科書で調べさせ，変態のしかたを比較し，一般化させる。

C　順番は同じで，卵→幼虫→さなぎ→成虫だ。

C　アゲハの幼虫は，キャベツではなくミカンの葉を食べます。

## 4 チョウの食べ物と口についてまとめる

T　チョウの成虫は，何を食べるのでしょうか。幼虫のときはキャベツの葉でしたね。

C　成虫は，花の蜜を吸っていると思います。

T　そうです。チョウの成虫は花の蜜を吸います。それが食べ物です。幼虫のときとは体の形だけでなく食べ物も変わるのですね。

T　どんな形の口をしているのか，横からよく見て絵にも描きましょう。

C　くるくる巻いたのが口だね。

T　蜜のかわりに，うすい砂糖水（濃さ約15％）をあげてみましょう。吸うでしょうか。

C　口は細くてストローみたいになっているね。

モンシロチョウの口 QR

T　だから花の奥にある蜜も吸えるのですね。食べ物が蜜に変わって，口の形も変わりましたね。

　最後に学習をふり返り，まとめを書かせる。

# チョウのせい虫のからだの つくりを調べよう

本時の目標
チョウの成虫の体は頭，胸，腹の３つの部分があり，頭に目，触覚，口が，胸に羽４枚とあし６本があるとわかる。

板書例

〔問題〕 せい虫（チョウ）はどんなからだのつくりを
　　　　 しているのだろうか

※成虫の図を掲示する。
（モンシロチョウではなく，アゲハでもよい）

1
2 かんさつ

からだのつくり

| | | |
|---|---|---|
| 目 | ２つ | 見る |
| しょっ角（かく） | ２本 | ＝感じる（かん）（頭） |
| 口 | １つ | 食べる |

3
| | | |
|---|---|---|
| はね | ４まい | むね ＝動く（うご） |
| あし | ６本 | |

下の部分（ぶぶん）
（こきゅうをする）　　　　はら

POINT 色々な昆虫の体のイラストを使い，頭・胸・腹に分けさせることで共通点や差異点に気づかせましょう。

## 1 チョウの成虫の体のつくりを観察する

T　今日は，チョウの成虫の体を調べましょう。体についているもの，体の形，大きさ，色などを観察します。前に見たチョウの体にあったものは何でしたか。

C　目です。２つありました。

C　大きなはねもありました。

T　では，他にどんなものが体についているのか，チョウの体を観察しましょう。

　　各グループで，チョウを観察させる。始めに数分，各自が見つけたことをノートにメモさせ，話し合う。

C　頭に角が２本あるよ。

C　顔には大きい目も２つある。

C　丸まっているのが口。

C　はねは４枚。さわると粉がつく。

C　あしは６本。幼虫のときより少ないね。

C　お腹に線（節）があるね。毛も生えている。

## 2 チョウの体についていたものは何か，観察して確かめる

T　図に描きますよ。まず，頭にあったのは？

C　目と口です。ひげ（触角）もあります。

　　児童の回答を教師が板書でまとめていく。

T　『ひげ』『つの』ではなく，正しくは『触角』といい，目や触角，口がついているところを『頭』といいます。『顔』とはいいません。

　　続いて目や触角がまわりの様子を知る役割があることを確かめる。

〈チョウの体のつくり〉

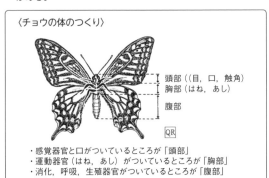

頭部（（目，口，触角）
胸部（はね，あし）
腹部

・感覚器官と口がついているところが「頭部」
・運動器官（はね，あし）がついているところが「胸部」
・消化，呼吸，生殖器官がついているところが「腹部」

**QR**

・画像

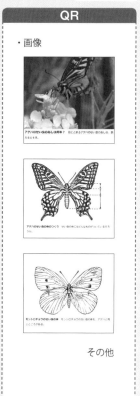

その他

かんさつ

## 4 チョウのからだは３つの部分に分かれている

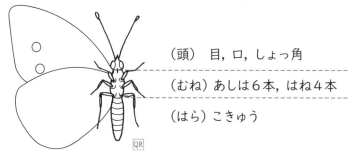

（頭）目，口，しょっ角

（むね）あしは６本，はね４本

（はら）こきゅう

〔まとめ〕

アゲハ，モンシロチョウは
こん虫のなかま

・体が３つの部分
・あしが６本，はねが４まい

---

## 3 体の部分の呼び名と，その役割を話し合う

T　他に，体についていたものは何でしたか。

C　はねがありました。４枚でした。

C　あしが６本ありました。

T　このはねとあしがついているところを『胸』といいます。（みんなで「胸」と言わせる）

T　チョウは，はねやあしで何をしている？

C　はねで飛び回っています。

C　あしで少し歩いていました。

T　はねやあしは，動くときに使うもので，それらがついているところを『胸』というのです。

T　では，胸の下の部分は何と呼ぶでしょうか。

C　おなか？　胴？　おしり？

T　その部分は，筋（体節）が見えますが『はら（腹）』といいます。チョウはここで息（呼吸）をしているのです。卵もこの腹の先から産むのですよ。

## 4 チョウは昆虫のなかまであることを確かめる

T　チョウの体は大きくいくつの部分に分けられましたか。

C　頭，胸，腹の３つの部分です。

T　チョウの体を絵に描いてまとめましょう。黒板の絵を写して，名前も書き入れましょう。

　　実物と見比べながらかかせ，教科書でも確かめる。

T　このように，体が頭，胸，腹の３つの部分に分かれていて，あしが６本，はねが４枚ついている虫を『昆虫』と呼びます。チョウは昆虫のなかまの１つなのです。

**【チョウの体をかく】**

ここでは，学んだことをとらえ直すために絵に描く。つまり，学びの表現活動といえる。実物を見てスケッチするのではなく，みんなで確かめあった板書や教科書の図を写させた方がよい。また，「触角」や「頭」「胸」「腹」などの用語も書かせることによって定着を図る。まず，はねを除いた体の形を描き，目や触角，あしのついている部分を確かめさせながら描かせる。

板書例

〔問題〕 バッタはどのように育って
大きくなるのだろうか

**1** 草原にいる虫

バッタ
カマキリ
キリギリス
コオロギ

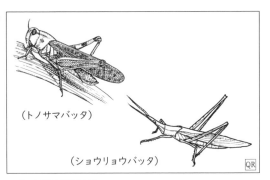

（トノサマバッタ）

（ショウリョウバッタ）

QR

※虫の画像を掲示する。

**3** かんさつ バッタのからだ

目, 口 ……… 草を食べる
しょっ角
あし　6本　… はねる あし
はね　?まい… とぶ

バッタのよう虫は,
[ おや（せい虫）に にている
はねがない（小さい） ]

POINT チョウで学んだことが他の生き物にも当てはまるのか考えさせ, 共通点や差異点に気づかせましょう。

## 1 草原にいる虫はどんな虫かを思い出し, 話し合う

T これまでチョウを観察してきましたが, 夏に近い今の草原にも多くの虫がいます。チョウのほかにどんな虫がいるでしょうか。

C バッタがいる。カマキリの子どもも見たよ。

C バッタにも, トノサマバッタとかいろんなバッタがいます。

　他に, ハチやトンボなどの意見も出るが, ここでは「草原をすみかとしている虫」ということを伝える。

T これから草原へ行ってバッタやコオロギを探しましょう。見つけたら捕りましょう。

**【発展として】**
「草原での虫捕り」の活動2時間を設定している。誰かが捕ってきた虫や映像でなく, 草原に足を運んで捕えた「ぼく, わたしの虫」で学習するところに理科としての価値がある。地域の自然にもよるが, 可能なら「総合」などの時間も活用し, 2時間くらいを虫捕りに当てると児童も喜ぶ。初夏の草原では, バッタなどは幼虫の姿のものが見られる。

## 2 【広げよう】野外でバッタなどの虫（幼虫）をとる

　学校付近の草原に引率する。虫捕り網や虫ケースを準備し, 服装は長袖長ズボンなど安全に配慮する。

T どこに虫がいるのか見つけにくいときは, 草を足でかき分けていくと, バッタなどが驚いてとぶので居場所がわかるのですよ。

　バッタの緑色やコオロギの土色が捕まりにくい保護色になっていることも, 捕る活動を通してわかる。

T 網は上からかぶせるのではなく, 草の上の方を横になでるようにするとうまく虫が入ってきます。コオロギは地面の近くを探しましょう。

　児童に「見つけ方・捕り方」を教え合いさせる。

T 捕った虫は教室へ持って帰って観察をします。しばらく飼うには, えさは何がいいかな。

C ここにある草を食べると思います。

　『食べ物のあるところ＝すみか』だと確かめ合う。

<table>
<tr><td rowspan="2">準備物</td><td>・虫捕り網　　　・虫ケース　（ポリ袋）</td><td rowspan="2">ICT</td><td rowspan="2">生き物を捕まえない場合は写真を送り，チョウと他の生き物を比較させましょう。</td><td rowspan="2"></td></tr>
<tr><td>・虫捕りの服装　・観察びん（ケース）<br>・草むらの虫や成長の順のイメージ資料</td></tr>
</table>

**❹　バッタの育ち方**

　　　→　たまご（土の中）
　　　　　　　↓
　　　　よう虫　…　草を食べる
　　　　　　　　だっ皮をする
　　　　　　　　（皮をぬぐ）
　　　　せい虫　…　草を食べる
　　　└　（たまごをうむ）

〔まとめ〕
　　バッタは，さなぎにならないで
　　よう虫からせい虫になる
　　　　　〔チョウとはちがう育ち方〕

**QR**

・画像

その他多数

---

## 3　（教室で）バッタの幼虫の体について話し合う

T　バッタの体を観察します。体の形や，体にどんなものがついているのか，調べましょう。

　虫を観察びんや小さいケースに入れ，しばらく観察・記録させる。

　（グループか，各自１ぴきずつ）

T　見つけたことを発表しましょう。
C　目も触角もある。
C　形は細長くて草に似ている。
C　あしは６本。後ろあしが大きい。
C　はねはついていません。（幼虫）
C　私のバッタには小さなはねがあります。
T　はねが小さかったり，無かったりするのですが，これは，バッタではないのでしょうか。実は，これがバッタの『幼虫』です。はねはないけれど『おや』とよく似た姿の幼虫ですね。
C　チョウの幼虫（青虫）とは全然ちがうなあ。

## 4　バッタの育ち方をまとめる

T　では，バッタはどのような育ち方をするのでしょうか。教科書を見て調べましょう。
T　はじめはどんな姿・形で生まれてきますか。
C　卵です。土の中に産むみたいです。
T　卵からどうなりますか。
C　小さな幼虫が出てきます。成虫と同じような形です。ちがいははねがないだけかな。
T　幼虫は何を食べてどうなっていきますか。
C　食べ物は草です。成虫と同じです。
C　皮を脱いで，大きくなっていくようです。
C　最後に脱皮して，大きなはねのある成虫になる。
T　バッタは，卵から成虫とよく似た姿形をした幼虫が生まれてきます。そして，何回か脱皮をして大きくなりますが，さなぎにはなりません。最後の脱皮で，はねの生えた成虫になります。

　捕ったバッタはしばらく飼ってみてもよい。

# チョウとバッタの一生を<br>くらべよう

本時の目標　バッタのほかに，トンボ，セミなどは，幼虫からさなぎにならないで成虫になる（不完全変態）ことがわかる。

板書例

〔問題〕　チョウとバッタの一生では，<br>　　　　　どんなちがいがあるのだろうか

① （チョウ）　たまご　→　よう虫（ちゅう）　→　さなぎ　→　せい虫（ちゅう）

※
QR

（バッタ）　たまご　→　よう虫　──────→　せい虫

QR
※それぞれの時期の画像などを掲示する。

② バッタの一生

> さなぎのときがない（よう虫からせい虫へ）
> よう虫はせい虫と にている
> よう虫もせい虫も 草を食べる

POINT　色々な昆虫の成長過程のイラストを並び替えさせることで，さなぎになるものと，ならないもがあることに気づかせ

## 1　チョウとバッタの成長をふり返る

T　チョウの一生と，バッタの一生を比べてみましょう。どちらも始めは卵でした。チョウでは，卵の次は何になりましたか。

C　幼虫でした。脱皮をして大きくなりました。

T　その次は？

　　順を追ってチョウの育ち方を板書でまとめていく。

T　ではバッタは，卵の次に何になりましたか。

C　幼虫が出てきました。

C　脱皮をして，大きくなっていきました。

　　バッタの成長も同様にふり返り，まとめる。

T　成虫になるまで，チョウの育ち方とバッタの育ち方には違うところはありますか。あるとすればどんなところですか。

　　板書に注目させ，できるだけ多くの児童の気づきを待つ。ノートに書かせる等，しばらく時間をとって考えさせる。

## 2　バッタの育ち方とチョウの育ち方のちがいを考え，話し合う

T　では，気づいたことを発表しましょう。

C　チョウはさなぎになるけれど，バッタはさなぎにならずに幼虫からすぐに成虫になります。

T　そうです。チョウは幼虫からさなぎになって成虫になりました。けれども，バッタはさなぎにならないで，幼虫からそのまま成虫になるのです。

T　そのほか，気がついたことはありませんか。

C　チョウの幼虫と比べると，バッタの幼虫は，小さいだけで成虫とそっくりです。

C　チョウの食べ物は幼虫のときはキャベツの葉で，成虫では花の蜜になったけど，バッタは，幼虫も成虫も草を食べて…食べ物が同じです。

　　『比較』『対比』は，科学でも観察や説明の手法としてよく使われる。そんな児童の発言があればほめ，みんなにも広げるようにする。

ICT　チョウとバッタの成長過程のイラストを並び替えさせ，二つの違いを見つけさせましょう。

---

**QR**

・画像

チョウの幼虫　アゲハの幼虫は，せい虫のすがたとにている。

バッタの幼虫　バッタの幼虫は，小さくてもはい色がかった色をしている。

キアゲハのさなぎ　チョウのなかまは，幼虫からさなぎになる。

その他多数

---

**3** 〔まとめ〕
　　バッタは，<u>さなぎにならないで</u>
　　せい虫になる

**4** コオロギ ⎤
　　カマキリ ⎥　も，さなぎにはならない
　　セミ　　 ⎥　（不完全へんたい）
　　トンボ　 ⎦

QR

※トンボなどの幼虫の画像を掲示する。

　　チョウ・カブトムシは，さなぎになる
　　　　　　　　　　　　（完全へんたい）

---

ましょう。

---

**3 バッタのほかに，さなぎにならない昆虫がいるのかを調べる**

T　このように，バッタは幼虫からそのまま成虫になるのですが，成虫も幼虫のときの姿形とよく似ていて，食べ物も変わらないのです。

T　バッタの他にも，さなぎにならないで成虫になる虫はいるでしょうか。

C　幼虫からセミが出てくるところを見たよ。

　　児童から発言が出なければ，教科書で調べさせる。

C　コオロギやカマキリもそうです。

C　カマキリは，卵から幼虫が出てきたところを見たことがある。小さなカマキリでした。

┌─────────────────────────────┐
│【カマキリの育ち方】幼虫の観察がしやすい。QR │
│カマキリの孵化                              │
│                        │
│卵のう　　幼虫　　幼虫(2cm)　　成虫          │
│卵のうをビンにさしておくと，春に幼虫が出てくる。│
└─────────────────────────────┘

---

**4 昆虫の育ち方には，2つの型があることを調べる**

T　さなぎになる虫とならない虫がいますね。

　　さなぎの時期がある育ち方を『完全変態』，さなぎの時期がない育ち方を『不完全変態』と教えてもよい。不完全変態をする昆虫は，幼虫と成虫の食べ物や姿形があまり違わないことに気づかせる。

T　トンボの育ち方は，どちらでしょうか。トンボの幼虫を知っていますか。

C　ヤゴです。プールで見つかりました。

T　ヤゴからどのように成虫になるのか教科書で調べてみましょう。

　　不完全変態・羽化の様子などを調べる。不完全変態の昆虫は，バッタ・カマキリ・コオロギのなかま，セミのなかま，トンボのなかまで，他の昆虫は，ほぼ完全変態である。トンボの幼虫を手に入れ，教科書を参考に飼育してみるのもよい。

トンボの羽化　QR

# こん虫のからだとなかま

全授業時数　導入2〜3時間＋3時間

## ◉ 何を学ぶのか

「チョウの育ち方」の学習では，育つ順序とともに成虫の体のつくりについても調べています。そして，チョウの体は頭，胸，腹の3つの部分でできていて，あしが6本あることを確かめ，チョウは『昆虫』のなかまだということを学んでいます。本単元ではこの学習を広げ，チョウの他にもトンボやバッタなど，同じような体のつくりをした虫＝昆虫のなかま＝といえる虫がいることに気づかせます。このことは，これまでただ「虫」と呼んでいた生き物を，昆虫という「類」，「なかま」という目で見直すことにもなります。

## ◉ どのように学ぶのか

昆虫の体のつくりは，昆虫の図や模式図を使えば効率的に気づかせることができます。けれども，3年生には，やはり実物のトンボやバッタ，セミなど，個々の昆虫との触れあいを通して学ばせるところに価値があります。事前の「虫とり」のような活動は，その虫のすみかやくらし方に気づいていく原体験となり，対象物への関心と学ぶ意欲を高めます。また，クモなど昆虫でない虫との「対比」も，観察の有効な方法として指導します。虫を「昆虫」という「類」として見ることを急ぐのではなく，個々の昆虫とじっくりと向き合い，つきあうことを大切にします。

## ◉ 留意点・他

3年生の児童の目には，チョウ，バッタ，カブトムシなどはまったく別の生き物のように見えているようです。つまり，生き物を「類・なかま」ではなく，個別にとらえている段階です。ですから，共通点を探して「昆虫」かどうかを調べることには，難しさもあります。まずは昆虫にふれながら「姿，形はちがうけれど，あしはどの虫も6本，というように同じところがあるなあ。」というとらえができればよいでしょう。むしろ，それぞれの昆虫が，どこで，何を食べて生きているのかというくらしに目を向けさせること（実物との対話）を大切にします。

| 知識および技能 | ・6本のあし（と4枚のはね）があり，体が，頭，胸，腹の3つの部分に分かれている虫を昆虫ということを知り，バッタやトンボもチョウと同じ昆虫のなかまといえることがわかる。<br>・昆虫の特徴に照らして，虫のあしの数や体のつくりを観察することにより，昆虫のなかまと，クモなど昆虫でない虫とを見分けることができる。 |
| --- | --- |
| 思考力，判断力，表現力等 | ・セミやカブトムシ，カマキリなどの体を観察し，昆虫といえるかどうかが判断できる。 |
| 主体的に学習に取り組む態度 | ・昆虫の体の色や形は，身を守ることやすみかと関わりがあることに気づく。 |

◇ 導入学習として，1.「虫のくらしとすみか（1時間）」と，2.「草原での虫捕り（1〜2時間）」を，指導計画の始めに入れています。体験活動です。

| 次 | 時 | 題 | 目標 | 主な学習活動 |
|---|---|---|---|---|
| 昆虫のからだ | 導入 | 虫はどんなところにいて，何をしているのだろうか（2〜3時間） | 虫は食べ物などによってすみかが決まっていることに気づく。初秋の草原にバッタなどがすんでいるとわかる。 | ・セミやカブトムシのいるところ（木）と，食べ物とのつながりについて話し合う。<br>・草原に行き，バッタやコオロギなど草むらにいる虫を捕まえる。<br>・バッタなどを，しばらく飼育して観察する。 |
| | 1 | バッタのからだとくらし（何を食べているか）を調べよう | バッタの体は，頭，胸，腹の3つの部分からできていて，胸に6本のあしがあり，昆虫といえることがわかる。 | ・草むらには，バッタ等がすんでいることを話し合う。<br>・バッタのあしの数や体の分かれ方など，体のつくりを調べ，チョウと同じような昆虫のなかまといえるかどうか，話し合う。 |
| | 2 | トンボのからだとくらし（何を食べているか）を調べよう | トンボには6本のあしがあり，体は，頭，胸，腹の3つに分かれていることから昆虫といえることがわかる。 | ・チョウの体と比較しながらトンボの体のつくりを調べ，共通するところを話し合う。<br>・トンボの食べ物や行動，いるところについて話し合う。 |
| | 3 | クモは「こん虫」といえるかどうか調べよう | 昆虫の体の特徴をもとに，昆虫とそうでない虫とを見分けることができる。 | ・チョウ，トンボ，バッタに共通する体のつくりをふり返る。クモやダンゴムシは昆虫といえるかどうかを考え，話し合う。 |

## 【昆虫の体】

　昆虫の体は，教科書では「頭，むね，腹（の3つの部分）からできていて，むねにあしが6本ついています。」などと説明されています。しかし，ここには子どもの目につきやすい「はね（4枚）」のことは出てきません。ハタラキアリのように，はねのない昆虫もいるからでしょう。しかし，子どもから出てきた場合は取り上げるのも1つの方法です。

　一方，昆虫の体が3つの部分に分かれている意味は，機能の分化です。頭は「口と感覚部」，胸は「はね，あしによる運動部」，腹は「呼吸などエネルギー生産と生殖部」と，機能を3部分で分担しているのが昆虫の体です。ですから，胸部は筋肉のかたまりです。また，「どの部分が胸なのか」がわかりにくい昆虫もいます。その場合「あし，羽のついているところが胸」といった方がよいでしょう。ただ，カブトムシのように胸部がわかりにくい昆虫もいます。その場合，乾燥標本を手で3つに分解して見せてやるとよいでしょう。

## 【昆虫を教材とするために】

　授業では，原則「本物」を教材とするのが基本です。昆虫の成虫がよく見られ，手に入るのは夏から秋の初めです。できれば「トンボとり」「バッタとり」などを，二学期初めに計画するのもよいでしょう。セミは，近年，子どもにも一番手に入れやすい昆虫です。夏休み前に「セミとり」や「昆虫採集」を呼びかけ，乾燥標本にしたものを二学期の授業に使うのも1つのやり方です。

## 【学校付近の昆虫も教材に】

　ここで取り上げたのは，トンボとバッタが中心です。しかし，発展としてこのほかの昆虫も取り上げると認識も広がります。手に入れやすいものではアリやセミ，子どもの好きな虫では，カブトムシやクワガタなどで，飼っている子どももいるでしょう。食べ物や体の観察を通して，昆虫であることを確かめるのもおもしろいことです。

【観察の仕方】

虫を小さなポリびん等に入れる

# 虫はどんなところにいて，何をしているのだろうか（2〜3時間）

板書例

〔問題〕　虫はどこをすみかにして，
　　　　　何を食べているのだろうか

**1** 調べる

セミ

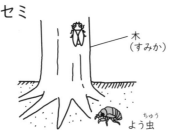

木（すみか）

ちゅう
よう虫

木にとまって
木のしるをすって生きている
↓
たまごをうむ

**2** 調べる

カブトムシ，クワガタ

クヌギ（すみか）

木のじゅえきをなめて
生きている

POINT　虫のすみかには，その虫が食べているものが近くにあることが多く，種によって違いがあることに気づかせるとよい

---

## 1 【発展1】虫捕りの体験発表と虫のすみかについて話し合う

実物のセミ，またはセミの写真を見せる。

T　この虫は何ですか。また，どこにいるのを見ましたか。

C　クマゼミ。サクラの木にとまっていました。

C　神社の木にいたところを網で捕まえました。

T　セミは，昼に木にとまっていますが，何をしているのでしょうか。

C　休んでいるのかな。

T　セミは木の汁を吸っているのです。木の汁が食べ物だから，木にとまっているのです。

図鑑などを使い，セミのくらしの解説を読んでもよい。

**【夏休みの虫捕り体験発表・話し合い】**

夏休みは，児童が虫に触れる絶好の機会です。夏休み前に，虫捕りや昆虫採集をよびかけ，夏休みの虫捕りの体験をもとに，虫（昆虫）のくらし方やすみかについて話し合います。そして，虫にも生活の場があることに気づかせます。

## 2 【発展1】カブトムシの食べ物とすみかについて話し合う（発展1で1時間）

T　セミの口を見てみましょう。

実物の乾燥標本（なければ画像など）を見せる。

C　あ，とがっている。注射針みたい。

T　（幼虫のぬけがらを見せて）これが幼虫です。幼虫も地面の下で木の根の汁を吸っているのです。

T　夏，カブトムシやクワガタを捕りに行った人はいませんか。いつ，どんなところにいて，何をしていましたか。

C　夜，家の近くの木にとまっているのを見つけました。樹液をなめていたみたいでした。

T　カブトムシは，クヌギなど樹液の出る木にいて樹液をなめてえさにして，昼は地中に潜っています。

T　カブトムシも，セミも，『どんなところにいる』のかな。『すみかはどこ』といえますか？

C　食べ物（えさ）のあるところがすみかです。

| 準備物 | ・夏休みに採った虫（標本），記録<br>・昆虫採集用具（ケース・あみ・ポリ袋など）<br>・観察用具（虫眼鏡・観察ビン）　・図鑑など<br>※虫捕りの服装 | ICT | 生き物を捕まえない場合は写真を送り，その写真からすみかやくらし方を想像させましょう。 |

**QR**

・画像

セミの口　セミはきのしるをすっている。アブラゼミ。

せみの体　あしは6本。はねは4枚。頭にほぼやしょっかくがある。

その他多数

**3**
**4** 草むらの虫　（バッタ・カマキリ・キリギリス
（すみか）　　　・コオロギなど）

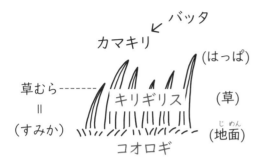

バッタ
カマキリ
（はっぱ）
草むら
＝
（すみか）
キリギリス
（草）
（地面）
コオロギ

〔まとめ〕
虫は木や草むらなどをすみかにしている
虫は食べ物のあるところにすんでいる

でしょう。

## 3　【発展2】草原にはどんな虫がくらしているのか調べて，捕りに行く

　　【教室で】短時間で簡単な話し合いをする。あれば，図鑑などを見せて，草むらにはどんな虫がいるのかを紹介すると，興味，関心が高まる。

T　草むらには，いろんな虫がくらしています。どんな虫がいるでしょうか。
C　バッタがいます。
C　イナゴ，コオロギ，カマキリ，キリギリス。
C　バッタにも，トノサマバッタやショウリョウバッタなど，いろんなバッタがいます。

　　他に，『チョウや，トンボも飛んでいる』などといった意見も出るが，ここでは『草むらをすみかとしている虫』という意味を伝える。

T　これから，草の生えているところへ行って，バッタやコオロギを見つけて捕りましょう。

　　エノコログサやメヒシバなど，イネ科植物の草むらにいる。準備（服装，持ち物）を確かめて出発する。

## 4　【発展2】草むらで，草むらにいる虫を捕る（発展2で1～2時間）

T　（目的地の草むらで）虫がどこにいるのか見つけにくいときは，足で草をかき分けていくと，バッタが驚いてとぶので居場所がわかります。

　　児童は捕虫網を上からかぶせる癖がある。網の使い方もこの機会に教える。友達どうしに教え合わせる。

T　虫捕り網は上からかぶせるのではなく，横に振ると，草にとまっている虫が入ってきます。
C　やってみたら，地面近くのコオロギも捕まえた！
T　捕まえた虫は，持って帰って飼います。えさは何がいいかな。何を食べているのでしょう。
C　草です。草をかじっていました。
C　カマキリは，他の虫を食べると思います。

　　捕まえた虫はケースに入れて持ち帰り，日記に書いておくよう伝える。

# バッタのからだとくらし（何を食べているか）を調べよう

〔問題〕　草むらの虫は，どんなくらしをしているのだろうか
　　　　　バッタのからだのつくりは，どうなっているのだろうか

板書例

**1** 草むらにいる虫　＝　くらしている

バッタ 〔 トノサマバッタ
　　　　ショウリョウバッタ 〕 ―――― ・緑色のからだ（草の色）みどりいろ
　　　　　　　　　　　　　　　　　　　 ・大きい後ろあし
　　　　　　　　　　　　　　　　　　　　　　（はねるあし）

イナゴ　カマキリ
キリギリス　コオロギ

草むらで → ・草を食べて 生きている（バッタ・イナゴ）
　　　　　 → ・虫を食べて 生きている（カマキリ）

POINT　カマキリのカマを入れず，別に6脚あると勘違いをする子どもが多いので，イラストで脚の数を教師と一緒に数える

## 1 草むらにいる虫について，体の色やしていることを話し合う

　虫捕りの経験や見た経験を出し合う。できれば，事前に草原でバッタやコオロギなどの「虫捕り」をして，それを観察の素材にできるとよい。

T　草むらに，どのような虫がすんでいますか。
C　ショウリョウバッタが草にとまっていた。
C　家の近くの草原には，カマキリもいました。
C　地面の近くに，コオロギがいました。
T　それらの虫は，どんな色をしていますか。
C　バッタは草みたいな緑色。カマキリもです。
C　コオロギは茶色…土の色かな。
T　では，草むらで何をしているのでしょうか。
C　カマキリはバッタを捕まえています。
C　バッタは，草を食べているのかな。

　バッタの食べ物は，主にエノコログサなどのイネ科の草である。草むらにくらす虫は，身を守ることができて食べ物のあるところにすんでいるといえる。

## 2 バッタの体のつくりを観察する

T　バッタの体のつくりを調べます。体についているものや，姿，形を観察しましょう。

　ケースに入れたバッタなどを観察させ，記録させる。少していねいに，「頭には，何があるかな？」「はねは？」などの視点を示してもよい。

T　まず，頭には何がついていましたか。
C　目です。
C　短い触角もありました。
C　口です。草をかじっていました。
T　あしは何本でしたか。
C　6本です。うしろあしが太くて長いです。これではねます。
T　はねはありますか。
C　2枚かな。
C　下にも2枚ありました。全部で4枚でした。

トノサマバッタ

**2** （かんさつ）

**3** バッタのからだのつくり QR

**4**

頭 ┌ 目，口 … 草をかじる
　　└ しょっ角

むね ┌ あし ＝ ６本
　　　└ はね ＝ ４まい

はら

※バッタの体の図を掲示する。

〔まとめ〕
①草むらの虫は，草や虫などを食べて生きている
②バッタのからだは，頭，むね，はらの ３つの部分
あしは，６本　（こん虫のなかま）

---

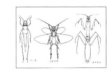
とよいでしょう。

---

## 3 バッタの体とチョウの体を比べる

T　バッタの体をチョウの体と見比べましょう。(対比)
　　チョウの体の図を掲示する。

T　同じところはあるでしょうか。

C　形は違うけど，目も口も触角もありました。

C　あしとはねもありました。

C　あしの数は６本でチョウと同じだけど，バッタの後ろあしはとても大きいです。

C　はねはたたんでいるけれど，４枚でした。

T　形は違っても，あしの数が６本，はねの数は４枚。チョウと同じですね。こんな虫のなかまをなんと言ったかな？

C　昆虫です。

T　昆虫は体が３つに分かれていましたね。バッタの体も３つの部分でできています。バッタも，昆虫のなかまだといえますね。

　　バッタの体も頭（目，口，触覚），胸（はね，あし），腹の３つに分かれていることを確かめる。

## 4 カマキリも昆虫かどうかを調べて，昆虫の体のつくりについてまとめる

T　では，カマキリは昆虫のなかまでしょうか。図を見て考えましょう。昆虫かどうかを見分けるには，どこを見ればよいでしょうか。

C　あしの数です。あしは６本。はねも見ます。

C　体の分かれ方が，３つかどうかです。

T　そうです。(昆虫の線画のコピーを配り) まず，あしを色鉛筆で塗ってみましょう。何本かな。

C　手のようなカマも入れると６本。昆虫だ。

T　では，体の，頭，胸，腹の部分を色鉛筆で塗り分けてみましょう。

〈昆虫の体のつくりの色塗り〉QR
　頭，胸，腹の部分を塗り分け，用語も入れてみるとよい。

バッタ　　　コオロギ　　　カマキリ

## トンボのからだとくらし（何を食べているか）を調べよう

トンボには6本のあしがあり，体は，頭，胸，腹の3つに分かれていることから昆虫といえることがわかる。

板書例

〔問題〕　トンボは，どんなくらしをしているのだろうか
　　　　　トンボのからだのつくりはどうなっているのだろうか

**1**　いろいろなトンボ

| シオカラトンボ　イトトンボ | 大きなはね（うすい） |
| アキアカネ　　　　オニヤンマ | 大きな目 |
| | 長いはら |

| トンボ | とびながら（空をはやく） | |
| | 虫をつかまえて（目とあしで） | くらし方 |
| | 食べて生きている | |

POINT　チョウとトンボの体のイラストを比較させ，頭・胸・腹に分かれていることや脚の数など，共通しているところに

## 1　トンボのすみかとくらしについて話し合う

T　今日はトンボについて調べましょう。どんなところで，何をしているトンボを見ましたか。
C　アカトンボが野原を飛んでいました。
C　池の上を飛んだり草にとまったりして…。

　　他，シオカラトンボ，イトトンボ，ギンヤンマなど。

T　飛んでいるトンボを見た人が多いですね。トンボは飛びながら何をしているのでしょうか。（意見が出なければ次の問いかけをする）トンボは，何を食べていると思いますか。
C　他の虫かな。蚊とかハエとか…。
T　そうですよ。トンボは飛びながら，小さな虫を捕まえて食べているのです。

【教材は実物で】
トンボの観察には，できれば実物のトンボがほしい。トンボが見られる時期に合わせて授業を設定するとよい。無理な場合は死んだものでもよくその標本を使うのもよい。その際，箱には防虫剤や消臭剤を入れておくと使いやすい。

## 2　トンボの体のつくりを観察する

T　では，トンボの体はどのようになっているのか，体のつくりを調べてみましょう。

　　しばらくトンボの実物か標本を観察させる。

T　体には，どんなものがついていましたか。
C　大きなはねが4枚あります。
C　大きな目玉（複眼）が2つあります。
C　はねは薄くて筋があります。
C　胴が長いです。先が針みたいです。
C　短い触角がありました。
C　あしは6本かな。短いです。

　　児童の発言を整理しながら板書し，確かめ合う。

T　体は，いくつに分かれていますか。
C　頭と長い胴（腹）と，その間（胸）の3つかな。
T　トンボの体は3つに分かれているようです。

　　頭，胸（あしとはねがついている部分），腹の3つの部分に分解して示す。

**2** かんさつ

トンボのからだのつくり QR

**3**

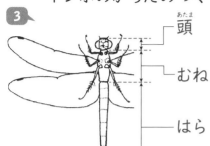

頭 ── 目，口 … 虫を食べる<br>しょっ角

むね ── あし ＝ 6本<br>はね ＝ 4まい（とぶ）

はら

※トンボの体の図を掲示する。

**4** 〔まとめ〕

①トンボの体は，頭，むね，はらの 3つの部分<br>　あしは，6本　（はねは4まい）（こん虫のなかま）<br>②空をとびながら虫をつかまえて食べている

QR

・画像

ウスバキトンボ 立モ「追の進色いトンボ，だからうす日黒トンボ」沖串こともあやむ。

トンボの頭 トンボにくちュウは、まわりがよく見えるように大きな。

トンボの体のつくり あし，はねは4まい，さむなは、しょっかい。

その他多数

注目させ，昆虫の定義を確認しましょう。

## 3　トンボの体とチョウの体を比べる

T　トンボの体を，チョウの体と比べてみましょう。大きさや形は違いますが，同じところはないか，見つけてみましょう。（対比）

C　トンボのはねも4枚，あしも6本です。

C　目と触角もあります。

T　チョウの体の分かれ方は？

C　3つに分かれていました。

T　トンボもチョウと同じように，あしが6本，はねは4枚，体は頭，胸，腹の3つの部分に分かれています。同じところがしっかり見つけられましたね。

シオカラトンボ QR　　　アゲハ QR

## 4　昆虫のなかまの特徴を確かめ，トンボの体について観察したことをまとめる

T　チョウのような体の虫を何といいましたか。

C　『昆虫』です。

T　トンボも昆虫のなかまといえますね。

T　チョウとは違うところもありますね。大きな目はどんなことに都合がよいのでしょうか。

C　えさの虫を見つけやすいのかな。

T　大きくて薄いはねも，速く長い時間，空を飛び回るのにぴったりのはねなのです。

　最後に観察したこと，分かったことなどを書かせ，発表させる。

〈トンボの体の特徴〉空を飛び回り，虫をとらえるための体

QR

・大きな目（複眼）<br>　飛びながら獲物を見つける

・薄くて大きなはね<br>　敏捷に素早く長く飛ぶことができる（あしで虫をつかまえる）

・軽い体<br>　飛行機のような飛ぶための体

## クモは「こん虫」といえるか どうか調べよう

板書例

〔問題〕 クモは「こん虫」といえるのだろうか

① 〈チョウ・トンボ・バッタ〉

> あし：6本
> はね：4まい
> 体　：頭・むね・はらの3つ

↓

こん虫のなかまと
いえる

② 〈クモ〉

> あし　：8本（6本ではない）
> はね　：ない
> からだ：2つの部分
> 　　　　（3つではない）

↓

③ こん虫のなかまと
いえ…ない

POINT 今まで学んだことを使って，クモが昆虫でない根拠を自分の言葉で表現できるようにしましょう。

## 1 チョウ，トンボ，バッタの体の共通点をふり返り，話し合う

T これまで調べてきたチョウやトンボ，バッタの体は，同じところがありました。どんなところが同じでしたか。

C 目も触角も口もありました。

C どれもあしが6本，はねが4まいでした。

C 体が頭と胸と腹の3つに分かれていました。

T 整理して，チョウ，トンボ，バッタの体のつくりを表にまとめてみましょう。

表を配布し，話し合わせながら表をまとめていく。

| | チョウ | トンボ | バッタ |
|---|---|---|---|
| あしの数 | 6本 | 6本 | 6本 |
| はねの数 | 4まい | 4まい | 4まい |
| 体の部分 | 3つ | 3つ | 3つ |
| 昆虫といえるか | いえる | | |

QR

T こういう体のつくりの虫を『昆虫』といいました。

（「昆虫は，はねが4枚」とは教科書では書かれていないことが多い）

## 2 クモは昆虫といえるかどうかを考え，話し合う

T では，この虫は何でしょうか。知っていますね。

写真や図，映像を提示する。

C クモです。家の庭にもクモの巣があります。

T では，クモは昆虫といえるでしょうか。

体をしばらく観察させる。そう考えた理由を書かせるのもよい。

T クモも昆虫のなかまだと思った人は手を挙げましょう。（ほとんど挙がらないことが多い）

T 『昆虫ではない』と考えた人が多いようです。では，そう考えたわけを発表してください。

C クモはあしの数が多くて8本でした。バッタとは違う。

C 体も3つではなく2つに分かれています。

C はねがありません。クモは飛ばないし…。

対比の目で見させることにより，思考を促す。

| 準備物 | ・クモ，カブトムシ，セミなどの画像か図（掲示用）QR できればセミは実物がよい<br>・表（児童配布用）QR | ICT | 色々な虫の体のイラストを送り，特徴を見つけさせることで，昆虫とそうでないものに分類させましょう。 |
|---|---|---|---|

### QR

・画像

その他多数

**4** 〔まとめ〕

┌─ こん虫のなかま ─┐
　チョウ　トンボ　バッタ
　セミ　　アリ　　カブトムシ
　カマキリ　ハチ

※クモの体の図を掲示する。

　　こん虫でない虫

　クモ　ダンゴムシ　ムカデ

---

## 3 体のつくりから見て，クモは昆虫ではないことを確かめる

T　クモのあしの数は何本かな。黒板の図のクモのあしの数を確かめてもらいましょう。

　　だれか指名し，板書の図のクモのあしを数えさせる。

T　8本でした。6本ではありません。だから？

C　昆虫ではありません。

T　体の分かれ方も，3つではなく2つです。あしは頭から出ているようですね。体の分かれ方を見ても，チョウやトンボ，バッタとは違います。クモは，昆虫のなかまではないのです。前の表にかき足して，まとめましょう。

（例）

| バッタ | クモ | ダンゴムシ | セミ |
|---|---|---|---|
| 6本 | 8本 | | |
| 4まい | ない | | |
| 3つ | 2つ | | |
| いえる | いえない | | |

T　いちばんわかりやすい見分け方は何でしたか。

C　あしの数です。6本あしの虫が昆虫です。

## 4 学んだことを使って，ダンゴムシやセミは昆虫のなかまかどうかを考える

T　これまで勉強してきたことをもとにして，昆虫とそうでない虫を見分けてみましょう。ダンゴムシ，セミは昆虫といえるでしょうか。

　　ダンゴムシやセミの実物や画像を見せる。時間に応じてそう考えた根拠を書かせる。

T　まず，ダンゴムシは昆虫といえるでしょうか。

C　昆虫ではありません。あしがたくさん（14本）あって，6本ではないからです。はねもない…。

T　セミは，昆虫といえますか。

　　あし，はね，体の分かれ方など児童に発表させ，その後，児童を前に集めてセミの乾燥標本を，頭，胸，腹の3つの部分に分解して見せる。

T　セミは昆虫のなかまでした。

**【はねが4枚ではない昆虫】**

ハタラキアリやハエのように，あしが6本でも，はねが4枚ではない『昆虫』のなかまもいることを示す。（ハタラキアリには，はねはなく，ハエのはねは2枚）

# 風やゴムの力

## ◎ 学習にあたって ◎

### ◉ 何を学ぶのか

　本単元では，まず風やゴムの力を利用して走る車を作ります。そして，風の強さやゴムの伸びと，走った距離との関係など，理科的な課題を設定し，実験で確かめていきます。一方，この単元は生活科での学習をふまえ，生活科から理科へのなめらかな移行も考慮して設けられた単元だともいわれています。ですから，生活科での「おもちゃづくり」やくらしの中の体験とつなぐなど，生活科との接続にも配慮して学習を進めます。

　また，風やゴムの力を，何かを動かすエネルギーとしてとらえると，「エネルギー」にふれる初めての学びともいえます。その点，上の学年での「ふりこ」など，力や運動に関わる学習につながるともいえるでしょう。

### ◉ どのように学ぶのか

　ここでは，動く車を使って風の強さやゴムの伸びと物（車）の走った距離との関係を調べます。その際，比べる実験の基本として，何を変え，何を同じにしておく（そろえておく）のか，実験の条件を確かめておくことが大切になります。また，実験の結果は表に整理すると，関係がとらえやすくなることにも気づかせます。一方，3年生の子どもはやってみてわかる，やりながら考えるというところも多分にあります。ですから，実験での条件整理や表作成などにこだわりすぎると，「おもしろくない理科」になるおそれもあります。教えるべきことは簡潔に伝え，ものづくり(車づくり)や実験など，体を通した学習活動を柱にして進めると，3年生の子どもにも合った学びになるでしょう。

### ◉ 留意点・他

　風の力やゴムの力で動く車を作りますが，その際，だれもが作れて遊べるものであることが大切です。また，そこでは，友だちどうしの教え合い，学び合いも生まれるでしょう。授業は，― 予想し，実験で確かめ，結果を整理し，きまりを見つける ― という理科らしい学び方（実験を通してわかる）の入門にもなります。理科学習のひとつの形（型）を学ばせる，ということも視野に入れて，本単元の学習を進めるとよいでしょう。

## ◎ 評　価 ◎

| 知識および技能 | ・風の強さや風を受ける物によって，動かす物(車)の動き方（速さ・進む距離）が変わることがわかる。<br>・ゴムの元に戻ろうとする力が変わると，動かす物（車）の動き方（速さ・進む距離）も変わることがわかる。<br>・風の力や，ゴムの元に戻ろうとする力の大きさを測ることができる。<br>・風の力や，ゴムの元に戻ろうとする力を使った動く物(車)を作ることができる。<br>・ヨットなど，風の力を利用したものを，見つけることができる。 |
|---|---|
| 思考力，判断力，表現力等 | ・おもちゃ作りの過程で，課題に向き合い，それを自分なりの方法で調べ，表現できる。<br>・風の強さを変えると物の動き方はどうなるか，その実験を考え調べることができる。また，引っ張ったり巻いたりしたゴムが元にもどるとき，物の動き方（動く距離や速さ）はどうなるのかを調べることができる。<br>・また，伸ばされたり巻かれたりしたゴムの元に戻ろうとする力によって，物は動かされる，ということをとらえることができる。 |
| 主体的に学習に取り組む態度 | ・遊びの要素をふくんだ学習であっても，課題（ゴムや風の力と車の動く距離の関係）にそって，問題解決に取り組むことができる。 |

◇ 実験に使う車は，ここでは牛乳パックとペットボトルのキャップを使って自作しています。一方，教科書に出ている車や市販教材の車を実験に使ってすすめることもできます。

| 次 | 時 | 題 | 目標 | 主な学習活動 |
|---|---|---|---|---|
| 風の力で動く車 | 1・2 | 動く車を作ろう | 理科工作・ものづくりとして，身の回りにあるものを利用して，よく動く車を作ることができる。 | ・理科工作として，目的に沿った自動車を作る。<br>（牛乳パックで台づくりをする）<br>（車輪を作る）<br>（台と車輪を組み合わせる） |
| | 3・4 | 風の強さがかわると車の走るきょりもかわるのだろうか | 風の強さを変えると自作の車（市販の車）の走る距離がどのように変わるのか，調べることができる。 | ・送風機などで，風の強弱を変えて，車を走らせる。<br>・風の強さを測る方法を考える。<br>・実験方法を考え，風の勢いを「弱」にして実験する。<br>・風の勢いを「強」にして実験する。<br>・風の強さによって，ものの動くきょりが違うことを確かめる。 |
| | 深めよう | 遠くまで走る車の「ほ」を考えよう<br>風の力をりようしたものをさがそう | ・車の走り比べから，「帆」の違いで車の走り方が違うことに気づく。<br>・風の力を利用した物を探したりすることができる。 | ・みんなの作った車で競走をする。<br>・競走のルールについて話し合う。<br>・風をうけてよく走る車の「帆」の形や特徴を話し合う。<br>・風の力を利用したものを探す。 |
| ゴムの力で動く車 | 5・6 | ゴムの力で走る車を作ろう | 理科工作として，身の回りにあるものを利用してゴムの力で走る車を作り，走らせることができる。 | ・最初に作成した車を使って，ゴムで動く自動車を作る。<br>（台車にフックの取り付け）<br>（車の発射台を作る）<br>（車の動かし方）<br>・車をもっと遠くまで走らせるにはどうしたらよいか考える。（走らせ方の工夫） |
| | 7・8 | ゴムの力と車の走るきょりを調べよう | ゴムを長く伸ばしたり束ねたりするほど元に戻ろうとするゴムの力が大きくなり，物を動かす力が大きくなることがわかる。 | ・引っ張る（のばす）長さと，走る距離の関係を調べる。（実験）<br>・輪ゴムの数と走る距離の関係を調べる。（実験）<br>・車を動かす力について話し合う。 |
| おもちゃを作ろう | 9 | ゴムの力で動くおもちゃを作ろう | ゴムのねじれが元に戻る力を利用した簡単なおもちゃを作ることができる。 | ・ゴムで動くおもちゃを考え，作ってみる。<br>（プロペラで動く車など）<br>（ねじれたゴムが元に戻ろうとする力を利用したおもちゃも考える） |

# 動く車を作ろう

板書例

〔問題〕 動く車を作る

① 車づくり

　〔１〕牛にゅうパックで台を作る

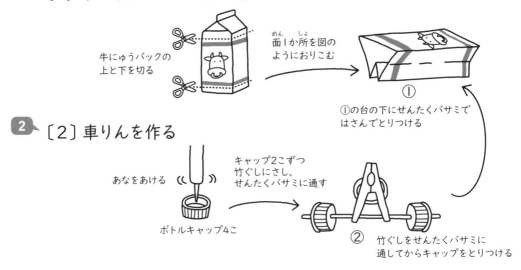

牛にゅうパックの上と下を切る

面１か所を図のようにおりこむ

①

①の台の下にせんたくバサミではさんでとりつける

② 〔２〕車りんを作る

あなをあける

ボトルキャップ4こ

キャップ2こずつ竹ぐしにさし，せんたくバサミに通す

②

竹ぐしをせんたくバサミに通してからキャップをとりつける

POINT 車は教科書に合わせて作ってもよいでしょう。また，市販教材を利用することもできます。

## 1 ものづくり① 牛乳パックで車の台をつくる

　身近な材料を利用して動く車の台を作る。市販のセットでも車作りはできるが，ここでは，『理科工作・ものづくり』の視点で作らせたい。

T これから，牛乳パックで動く車を作ります。出来上がりの車はこれです。

　完成した車を見せ，児童の気持ちを高める。

C おもしろそう。早く作って走らせたいなあ。

T では，始めに車の台を作ります。

　作り方を提示し，手順を説明する。

〈作り方〉

① 牛乳パックの上下を右の図のように切り取る。

牛乳パックの上部と下部をカッターナイフかはさみで切り取る。（刃物の取り扱い注意）
※お家の人に切ってもらって持たせてもよい。

MILK
QR

② パックの4面の一つの面を右の図のように折り込む。

QR

## 2 ものづくり② 車輪を作り，車が走るようにする

T 次に，台に取りつける車輪は，ペットボトルのキャップで作ります。

　キャップの工作が困難であれば，車輪のみ市販のセットを購入して行うこともできる。

T それでは車輪のつくり方の説明をします。

〈作り方〉

① ペットボトルのキャップ（4個）の真ん中に千枚通しなどで穴を開ける。

② 竹串の片方をキャップの穴に差し込む。

③ ②の竹串を洗濯ばさみの持ち手の穴に差し込む。

④ ③のキャップのついてない竹串の先を別のキャップの穴に差し込む。（右の図のような車輪のセットができる）

⑤ もう1つの車輪のセットを②～④の手順で作る。

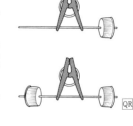

QR

QR

※児童の実態に応じて，穴あけは教師の手でしておいてもよい。

**3** 〔3〕②の車りんをとりつけて かんせい

かんせい品

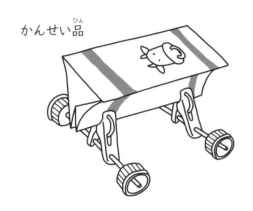

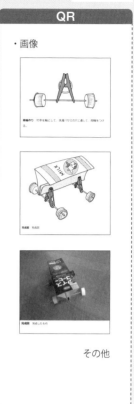
---

**3** ものづくり③
台と車輪を組み合わせ，車を完成させる

T　台と車輪ができました。これを組み合わせて車を作りましょう。

　　組み合わせの仕方を説明する。

〈作り方〉
牛乳パックの折り曲げた前と後ろに，車輪をつけた洗濯ばさみを図のようにはさむ。

QR

T　できた人から，車を走らせてみましょう。
C　よく走る！
C　まっすぐに走るよ。
T　走らせながら，どうすればうまく走るのか，よく走る工夫をしてみましょう。
C　洗濯ばさみのはさみ方で走り方が少し違う。

**4** 【理科工作・ものづくりの観点】
車作りで大切にしたいこと

＜材料についての注意＞
・洗濯ばさみは，持ち手の穴が大きいものを選ぶ。
　（竹串が回転しやすくなる）
・ペットボトルのキャップ（車輪）の竹串を差し込む穴は小さ目に開け，串がきちきちに入るようにする。
　（ゆるいと外れることがある）

＜工作道具の使用時の注意＞
・カッターナイフを使用するとき，ナイフを持たない方の手には必ず手袋を着用する。
・千枚通しは，使わない時はカバーをつける。
　教科書掲載のような市販の教材セットを購入し，それを使って進めてもよい。

【理科工作・ものづくりのポイント】
・よく走りよく動く車を作る。＝児童の願いと重ねて＝
・材料は身近なもので，工夫できるものを用いる。
・つくる車は，いろいろ楽しめて，発展的に学習が進められるものを作る。

# 風の強さがかわると車の走る きょりもかわるのだろうか

板書例

〔問題〕　**風の強さがかわると車の走るきょりも かわるのだろうか**

**1**　〔１〕「ほ」をつけた車で実けんをする

風…送風き

ほ…紙コップ半分のもの

〈実けんで同じにしておくこと〉
・同じ車を使う
・ほの形や大きさは同じにする

**2**　〔２〕記ろくをとる＝風の強さをかえて調べる

**3**

| 風の強さ ＼ 走ったきょり | きょり | | |
|---|---|---|---|
| | 1回目 | 2回目 | 3回目 |
| 弱い | ○m○cm | | |
| 強い | ○m○cm | | |

QR

POINT　この実験は条件制御を伴います。条件のそろえ方については教師が助言し，正しい対照実験を経験させましょう。

## **1** 風の強さを変えて，走る距離を測る方法を考える

T　車に帆をのせて動かすとき，風の強さを変えると，車の動きはどう変わるかを調べます。どのように調べるとよいのか考えてみましょう。

T　実験するごとに，風の勢いや車や帆の形をいろいろ変えて実験してもいいでしょうか。

C　風の強さによる違いを比べる実験だから，車は同じものを使います。

T　「帆」はどうでしょうか。

C　「帆」も同じものを使います。

T　風の勢いはどうでしょうか。

C　風の強さを比べる実験だから，風の強さを変えて調べます。

## **2** 風の強さを変えて，車が走る距離を調べる

T　実験では，車は同じ車を使い，帆も同じ形のものをとりつけます。実験で変えるものは，風の強さです。はじめは，「弱」で走らせます。そのとき車が進んだ距離を記録します。

　グループで実験させる。注意点は以下の通り。

・送風機は同じ力を出すものを使う。
・どの車にも正面から風が当たるように注意する。
・測定は２段階（弱と強）で行い，表に整理する。
・距離は，車が停止した場所から巻き尺などで測る。

〈風なし，弱い風のときの車の動き方〉

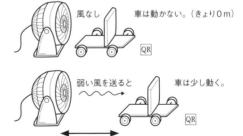

風なし　　車は動かない。（きょり０m）　QR

弱い風を送ると　　車は少し動く。　QR

**QR**

・動画
「風の力で動く
おもちゃ」

・画像

・その他

**4** 〔まとめ〕

①風が強いとき，走ったきょりは…長い

→車を動かす力は大きい

（強い）

（長い）

②風が弱いとき，走ったきょりは…短い

→車を動かす力は小さい

（弱い）

（長い）

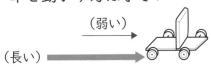

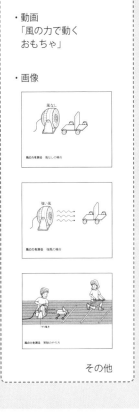

---

## 3 風の勢いが「強」のとき，車が走る距離はどうなるか実験して調べる

T 続いて，風の強さを「強」にして実験をしてみましょう。車が進んだ距離を，記録します。準備ができたら始めましょう。

〈強い風のときの車の動き方〉

強い風を送ると

車は速く動き，遠くまで走る。

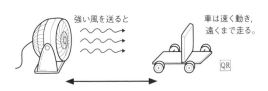

## 4 風の強さとものの動き方の実験について考察し，まとめる

T 実験でわかったことをまとめましょう。何を調べる実験でしたか。

C 風の強さを変えると車の走る距離はどうなるかを調べる実験でした。

C 風の強さを変えて，車の進む距離を調べた。

T 実験の結果からどんなことがわかりましたか。

C 風が強いとき，車は遠くまで走り，車を動かす力は大きいということがわかりました。

C 風が弱いと車を動かす力も小さいということがわかりました。

T この実験でわかったことは，風の強さが強いと，車の走る距離は長く，車を動かす力は大きかったということです。また，風の強さが弱いと車の走る距離は短く，車を動かす力も小さかったということでした。

深めよう めあて
遠くまで走る車の「ほ」を考えよう
風の力をりようしたものをさがそう

本時の目標
・車の走り比べから，「帆」の違いで車の走り方が違うことに気づく。
・風の力を利用した物を探したりすることができる。

板書例

〔問題〕 どんな「ほ」が風で遠くまで走るのだろうか

**1**
**2** じっけん
どんな「ほ」のとき，車は遠くまで走るのだろうか

**3** けっか

「ほ」の大きさ … 大きい

「ほ」の形 … 風を受けやすい形

「ほ」のつけ方 … 風がまっすぐに当たるように立っている

〈実けんで同じにしておくこと〉
・風の強さ

風の力をたくさん受けられるようになっている車

POINT 帆の見本画像を送り，児童が作った帆も同じように撮影し，共有するとよいでしょう。

## 1 何を変えて調べるのか話し合い，よく走る車を予想する

T 今から，みんなの作った車で競走します。どんな車が風でよく走るのか，話し合いましょう。

C 走る距離は，帆によって違うと思います。

C 違う帆をつけるなら，帆の大きさや形，つけ方の違いも考えて比べないと…。

[条件整理] ※風の強さは同じにしておく

・違う帆をつけた車同士で比較
①大きさの違い ②形の違い ③つけ方の違い

T 帆が違うと走る距離も違ってきそうですね。どのような帆だと遠くまで走ると思いますか。

C 大きな帆の方が風を受けやすいので，長い距離を走ると思います。

C 帆の形やつけ方も関係すると思います。

T 帆を変えて調べるとき，風の強さは？

C 風の強さは同じにしてそろえておかないと比べられないと思います。

## 2 風を受けてよく走る車の特徴（帆）を考え，実験する

T では，風の強さは同じにして，帆の大きさや形，つけ方を変えて実験してみましょう。

① 帆が大きいもの

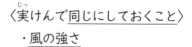

帆の大きいほうがよく走る。

② 風を受けやすいもの

風を受けやすい ○　　風を受けにくい △

風を受けやすいほうがよく走る。

③ 風をまっすぐ受けるもの（斜めの物はうけにくい）

まっすぐに立っている「帆」○　　前に倒れている「帆」△

風をまっすぐに受けるもののほうがよく走る。

<table>
<tr><td rowspan="2">準備物</td><td>・自作の車（市販教材の車）<br>・送風機<br>・形，大きさの異なる「帆」いろいろ</td><td>ICT</td><td>風を利用したものの写真を送り，風の強いときと弱いときの様子を考えさせましょう。</td></tr>
</table>

〔まとめ〕
　よく走る車の「ほ」は
　風を受けやすい形になっている

**4** 風の力をりようしたもの
　・ヨット　　・風りん（ふう）　・風力発電（はつでん）
　・たこ　　　・風車　　　　　・はん船（「ほ」で走る）

※画像やイラストを掲示する。　QR

**QR**

・画像

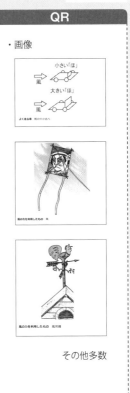

小さい「ほ」
風
大きい「ほ」
風
よく走る車　帆の大きさ比べ

風を利用したもの　凧

風の力を利用したもの　風見鶏

その他多数

---

**3** どんな車が遠くまで走ったか，実験の結果をまとめ，確かめ合う

T　どんな車が遠くまで走りましたか。比べてみた結果を発表しましょう。

C　帆が大きいものは，小さいものより遠くまで走りました。

C　半分に切った紙コップの向きを変えると，風を受けやすい形の方が遠くまで走りました。

C　帆がまっすぐに立っている車は，風をまっすぐに受けて遠くまで走りました。

T　比べてみた結果，遠くまでよく走る車の帆は，<u>風をたくさん受けられるように</u>なっていましたね。

**4** 風の力を利用したものを探し，話し合う

T　身近なところで，風の力を利用して動かしているものを探して発表しましょう。

・ヨット　　・風見どり　　・凧　　・風力発電
・風鈴　　　・風車　　　　・帆船

　　学習前に，宿題などで調べておかせてもよい。

　　ここで，風の力を利用したものとは，扇風機のように風を起こすようなものや，飛行機のように空気の揚力を利用しているものではない。自然に吹いている風を役に立つように（利用）したものを探すように助言する。

---

**【資料：風力発電について】**

日本では欧米諸国に比して普及が進んでいない。理由として，台風に耐えうる風車を施設すると欧米と比較してコストが上がることや，大量の風車を設置できるだけの平地の確保が困難なこと，元々日本ではクリーンエネルギーとして太陽光発電を重視してきた歴史があることなどが挙げられる。また，日本はフランス同様に原子力発電への依存度がすでに大きいために風力への依存傾向は弱く，対照的にドイツは原子力発電所の新設を政策的に停止しているため風力発電への依存度を増している。

日本の風力発電の累積導入量（2022年度）

設備容量約 480.2 万 KW，　設置基数 2,622 基（「一般社団法人 日本風力発電協会」HPより）

# ゴムの力で走る車を作ろう

理科工作として，身の回りにあるものを利用してゴムの力で走る車を作り，走らせることができる。

板書例

## 〔問題〕　ゴムの力で走る車を作る

**1**
**2**　〔Ⅰ〕作り方

① 台車にゴムをかけるための
　フックをとりつける

ゼムクリップ

おし広げる

ゼムクリップを
図のように
はさみこむ

セロハンテープ
をはる

セロハンテープ
をはる

QR

**2**　② 発車台を作る

長い定ぎの先に「わゴム」
をとりつける

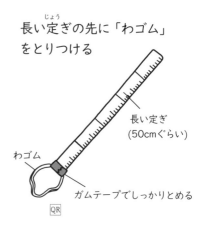

長い定ぎ
(50cmぐらい)

わゴム

ガムテープでしっかりとめる

QR

**POINT** 車は教科書に合わせて作ってもよいでしょう。また，市販教材を利用することもできます。

## 1 風がなくても車を走らせる方法を話し合う

　前に作った台車（帆なし）を児童に見せる。

T　この車は風の力で走りましたね。でも，風がないときは走らせることはできません。この車を，手で押さず，風がないときでも走らせることはできないでしょうか。

T　では，このおもちゃは何の力で飛ぶのかな。

　おもちゃ「ぱっちんカエル」を飛ばして見せる。

C　あ，それはゴムの力で飛ぶカエルです。車にもゴムが使えるのかな？

T　今日はゴムの力を使って車を走らせます。（完成見本を提示）これが「ゴムの力で走る車」と「発射台」です。走らせてみましょう。うまく走るかな。

C　よく走るね。すごい！ぼくも作れるかな。

　始めに完成形を見せることで，ゴールを示し見通しを持たせる。『作りたい』という意欲も高まる。

## 2 ゴムの力で走らせるための「しかけ」をつくる

　まず，完成した車を見せ，その「つくり」「しかけ」をわからせる。手順やコツは「技術」として教師が効率よく説明する。児童が「なるほど」と納得して成功することで，もの作りの楽しさを体感させたい。

T　まず，台車にはゴムをかけるところ（フック）を，ゼムクリップで作って取りつけます。

〈台車へのフックのつけ方〉

牛乳パックの折れ目のすき間にゼムクリップの端をさしこみ，セロテープかガムテープでしっかりと固定する。この固定がしっかりしていないとゴムを引っ張ったときにはずれてしまう。
（フックのつけ方は板書参照）

この部分にフックをつける。

T　次に，ゴムを引っ張る『発射台』を作ります。

〈発射台の作り方〉

50cmぐらいの定規（木製，竹製，プラスチック製のどれか）を用意し，定規の先に輪ゴムをしっかりとガムテープ等で固定する。

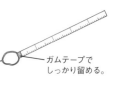

わゴム

ガムテープで
しっかり留める。

## 〔2〕かんせいした車と発車台

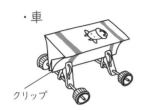
・車

・発車台

クリップ

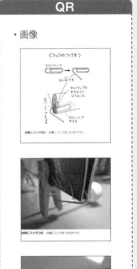
3
4

## 〔3〕車の走らせ方

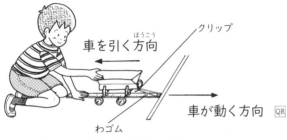

車を引く方向

クリップ

車が動く方向

わゴム

※画像やイラストを掲示して説明してもよい。

---

## 3 車を走らせて見つけたことをノートに書く

発射台と台車を組み合わせて、どのように車を走らせるか、走らせ方を説明する。

T　では、速く、遠くまで走らせるにはどうしたらよいのか、考えて走らせてみましょう。

最初は、自由に走らせる。

T　うまく走ったときの工夫を書いておきましょう。輪ゴムの本数は何本使ってもいいですよ。

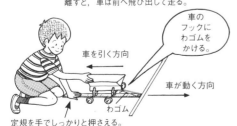

〈車の走らせ方〉　台車の先のフックに、定規の先の輪ゴムを引っかける。下の図のようにゴムを引っ張って手を離すと、車は前へ飛び出して走る。

車を引く方向

車のフックにわゴムをかける。

車が動く方向

わゴム

定規を手でしっかりと押さえる。

※ゴムの引っ張り加減で車の走り方が違ってくる。長く引っ張れば速く遠くまで車は走る。短く引っ張れば、遅く近くまでとなる。

## 4 車を遠くまで走らせるにはどうすればよいか、見つけたことを話し合う

T　車を遠くまで走らせるには、どのようにすればいいですか。発表しましょう。

C　ゴムをまっすぐ引っ張るといいです。

C　車を持つ手をぱっと離せばよく走ります。

C　ゴムを長くのばせば速く遠くまで走りました。

T　輪ゴムの工夫として何か見つけたことはありますか。

C　輪ゴムの本数を増やして、重ねて使えばよく走りました。

C　太い輪ゴムを使えばよく走ると思いました。

T　今日の学習で、ゴムを使った車の走らせ方やがわかりました。次の学習で、この車を使って、ゴムの力の違いで車の走り方はどう違うのかを調べてみましょう。

# ゴムの力と車の走るきょりを調べよう

ゴムを長く伸ばしたり束ねたりするほど元に戻ろうとするゴムの力が大きくなり，物を動かす力が大きくなることがわかる。

板書例

〔問題〕 ゴムののばし方で車の走るきょりはどうかわるのだろうか

**1** 車を遠くまで走らせるには？ → ゴムをどうすればよいか

（のばす長さ・わゴムの本数）

じっけん1

**2** ゴムをのばした長さと走ったきょり（のばす長さをかえる）

① 5cmまでのばす

② 10cmまでのばす

定ぎ

QR

QR

**3**

けっか1

| のばした長さ | 5cm | 10cm | 15cm |
|---|---|---|---|
| 走ったきょり | | | |

POINT 目標場所を設定し，そこにピッタリ止めるゲームを行う。実験結果をもとに，どれくらい伸ばせばいいか見通しを持って

## 1 ゴムの力で車を走らせたときに気づいたことを確かめ合う

T　前の時間，輪ゴムと台車を使って車を走らせました。車を遠くへ走らせるには，どんなことをすればよかったですか。見つけたことを話し合いましょう。

T　ゴムの引っ張り方はどうでしたか。どんなとき，車は遠くまで走ったかな。

C　ゴムを長く引っ張ったとき遠くまで走りました。

C　まっすぐに引っ張ると遠くまで走りました。

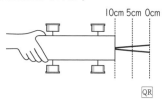

T　ゴムを長くのばして引っ張ると，車も遠くまで走るようですね。

C　はい，ゴムを長くのばしたときは走る距離も長くなりました。

ここまでの話し合いは簡単に済ませ，次の実験に移る。

## 2 ゴムをのばした長さと車の走る距離を実験で調べる

T　では，ゴムをのばした長さを変えると，走る距離はどうなるのか，グループで実験して詳しく調べてみましょう。

実験用にグループで1台の車を用意する。床に下図のように0cm，5cm，10cm，15cmの位置で，ビニールテープなどで目印を付ける。定規の目盛りを利用してもよい。

T　車が走った距離は，表に記録しましょう。

〈実験の手順〉

ゴムを5cm，10cm，15cm…とのばしていくと，車の走る距離はどうなるのか調べる。

① はじめに5cmまでのばす。（走った距離は巻き尺で計測）
② 10cm，15cmと長さを変えて走らせ，距離を記録していく。

〈ゴムをのばした長さと走る距離〉

① はじめに5cmまでのばす。

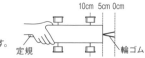

定規　　輪ゴム

② 次に10cmまでのばす。

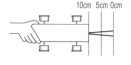

**4** 〔じっけん2〕

## わゴムの本数と走ったきょり

> 引っぱる長さは
> 同じ5cmに

① わゴム1本

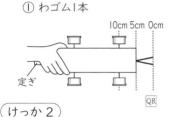

② わゴム2本

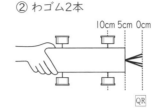

〔けっか2〕

| わゴムの本数 | 1本 | 2本 | 3本 |
|---|---|---|---|
| 走ったきょり |  |  |  |

## 〔まとめ〕

・ゴムを長くのばすと…

・わゴムの本数をふやすと…

もとにもどる力は ⇩ 強くなる ⇨ 遠くまで走る

### QR

・動画
「ゴムの力で動く
おもちゃ」

・画像

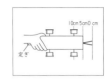

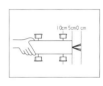

その他

ゲームに参加させるとよいでしょう。

---

**3** ゴムをのばした長さと車の走る距離についての実験結果をまとめる

T　実験で、ゴムをのばした長さを変えると、車の走った距離は、どのように変わりましたか。

C　長くのばしたときは、車も遠くまで走りました。走った距離も長くなりました。

C　15cmまで長くのばしたとき、走る距離も長くなり、車の走る速さもいちばん速かったです。

T　ゴムを引っ張って長くのばすほど、車の走る距離も長くなることが確かめられましたね。

T　ところで、車が動いたのは、のばした（のばされた）ゴムがどうなったからでしょうか。

C　のびたゴムが元に戻ろうとしたから。ゴムが元に戻るときに力が出て、車を動かしました。

T　すると、車を走らせたゴムの力は、ゴムがどうなったときいちばん強いといえるかな。

C　長くのばされたときです。元に戻ろうとする力も大きくなると思います。

**4** 輪ゴムの数を2本、3本にすると、走る距離はどうなるか調べる

T　輪ゴムを長くのばす他に、輪ゴムを使って車を遠くまで走らせる方法はないでしょうか。

C　輪ゴムの数を2本、3本と増やすと、元にもどる力も強くなって走る距離も長くなると思います。

T　では、輪ゴムの数を増やすと走る距離はどうなるのか、実験して調べてみましょう。

T　実験では、輪ゴムをのばす長さは？

C　のばす長さは同じにしてそろえておきます。変えるのは輪ゴムの数だけです。（条件制御）

〈輪ゴムの数と走る距離〉

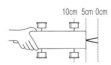

① はじめに輪ゴム1本。
② 次に輪ゴム2本。

※輪ゴムの数を増やしていく。

T　実験で、どのようなことがわかりましたか。

C　のばした長さが同じ5cmでも、輪ゴム1本より2本のときの方が走る距離が長くなった。

C　輪ゴムの数が多いと、元にもどる力も強い。

# ゴムの力で動くおもちゃを作ろう

板書例

## め　ゴムの力で動くおもちゃを作ろう

**1**　プロペラで動く車作り

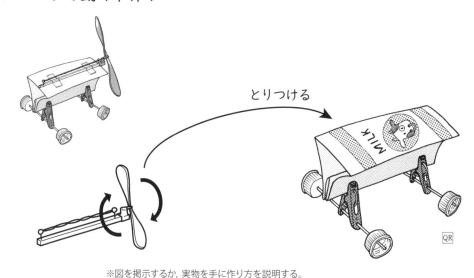

とりつける

※図を掲示するか，実物を手に作り方を説明する。

POINT　図工の時間も使って教科横断的に授業を進めることもできます。

## **1**　【ものづくり】プロペラで動く車を作る

T　今日は，ゴムの元に戻ろうとする力を利用したおもちゃを作ります。ゴムで動くおもちゃを知っていますか。

C　パッチンガエルを生活科で作りました。

C　模型飛行機のプロペラを回すのにもゴムを使うよ。

　これまでは，引っ張られたゴムが元に戻ろうとする力を利用して動くものを学習してきた。ここでは，ねじったゴムが元に戻ろうとする力と，風をおこすプロペラを利用して動く車を作る。

T　プロペラで動く車を作ります。プロペラを回すにはゴムをどうしますか。

C　ゴムをねじる。

T　ねじったゴムでプロペラを回します。プロペラは何の力で回るのですか。

C　ねじられたゴムが元に戻ろうとする力です。

〈プロペラ台の作り方〉

① 台車を用意する。

② プロペラを作る（自作の場合）

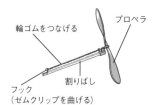

輪ゴムをつなげる
プロペラ
割りばし
フック
（ゼムクリップを曲げる）

③ プロペラを台車にしっかりとつける。

　※プロペラを台車につけるとき，プロペラの位置によっては床にあたったりするので，高さの調整をする。

テープで留める

◇ゴムが巻けるプロペラはセットとして別途購入する。
◇プロペラの大きさは，回転したときに床にぶつからない大きさのもの。

　ゴムの巻き数を変えると車の走り方はどうなるのかを調べてもよい。（巻き数はプロペラの大きさなどで違ってくる。予備実験で適当な巻き数を決めておく）

**2** プロペラで<u>車が動いた</u>わけを考えよう

① ゴムをねじる（まく）……………　

⬇

② ゴムがもとにもどろうとする力…　

⬇ その力で

③ プロペラが回る………………………　

**3** ほかのゴムで動くおもちゃ

・コロコロカー

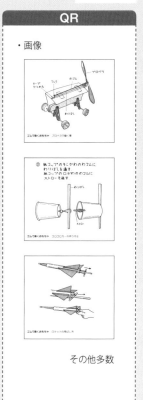

QR

・画像

その他多数

---

**2** ねじれたゴムが元に戻ろうとする力を利用したおもちゃ作りをふり返る

T　プロペラで走る車を作りました。この車は何の力で走っているでしょうか。

C　プロペラが回る力で走っています。

C　プロペラの風の力で走っています。

T　プロペラを回すのにゴムを巻きました。手をはなしてプロペラが回るとき, ゴムはどうなっていましたか。

C　巻いたゴムが元に戻ろうとして, プロペラも回っていました。

T　前の学習で, 車を走らせるのに, ゴムを引っ張って, ゴムが元に戻ろうとする力を利用しました。今度は, ゴムをねじって, ねじったゴムが元に戻ろうとしてプロペラを回すことで, 前に進みました。<u>どちらもゴムが元に戻ろうとする力を利用したものですね。ほかにもこの力を使ったおもちゃがあるのです。</u>

**3** 【ものづくり（参考）】コロコロカーを作る

〈コロコロカーの作り方〉 QR

① 紙コップの底に穴をあけ, ビーズを通した輪ゴムを通す。

千枚通しは気をつけて使おうね。

輪ゴム
ビーズ

② 紙コップの底側の輪ゴムに割りばしを通す。

割りばし

③ 紙コップの開いた口側にストローを通す。

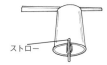

ストロー

④ 紙コップからはみ出たストローを折り曲げ, 紙コップの側面にセロテープで貼り付ける。

●作成のポイント

・輪ゴムは1本より2本の方がよく動く。
・紙コップの口の周囲を滑り止めとして, ギザギザにしたりビニールテープをまいたりすることも考えさせるとよい。

〈コロコロカーの動かし方〉

割りばしをくるくる回し, 口側を床に置いて離すと前に進む。

# 太陽とかげの動き

全授業時数　9時間

◎ 学習にあたって ◎

◉ 何を学ぶのか

　ここでは，かげのでき方を確かめるとともに，太陽の1日の動きを追究します。かげはどこにどのように
できるのか，案外子どもは気づいていないものです。そのため，まず，かげは太陽（光源）の反対側にでき
ることを確かめます。そこで「太陽（光源）→物→かげ」という基本となる位置関係をとらえさせます。次に，
樹木や遊具などのかげを時間をおいて観察すると，かげの位置は，時間とともに動いていることがわかります。
同時に，かげの位置が動くのは，太陽の位置が変わるからだ，ということにも気づいてきます。そして，1日
のかげの動きとともに，「太陽は東から上り南の空を通って，西にしずむ」という太陽の動きのきまりをとら
えさせます。

　「日なた」と「日かげ」での地面の明るさや温度を比べることによって，日光は地面を温めていることにも
気づかせます。このとき，体感でとらえるとともに，温度計の使い方を教え，温度計を使うと地面や水，空
気の温かさも，数字で表せることをわからせます。

◉ どのように学ぶのか

　3年生は，活動的な時期です。理科でも「体験を通して…」という学び方が合っているでしょう。そのた
め「かげ踏み」や「かげつなぎ」など，遊びの要素も取り入れながらすすめます。また，観察では鉄棒や木
のかげなども活用できます。そのような野外での活動も通して，太陽とかげの位置関係に気づかせます。そ
の際，かげの向きや動き方だけでなく「太陽は，今どこにある？」と，かげとともに太陽の位置を意識させ
ることが大切です。いわば「かげと太陽（光源）はセットにして見る」という見方ができるよう助言します。
なお，方位も太陽と関係しています。「正午（ごろ）の太陽のある方向が南」という方位の原則も教えておき
たいことです。

◉ 留意点・他

　かげだけでなく，太陽そのもの（位置や動き）を見るという体験も大切です。そのため，ここでは「JIS規
格の遮光板を使う」という安全なやり方を教え，太陽を観察します。裸眼で見ることは極めて危険なことも
伝えます。なお，遮光板を通して見た太陽は「緑色」などと色が違って見えることがあるので，気をつけましょ
う。また，太陽やかげの向き，動きは「左右」ではなく，「方位」で表します。一方，この時期，まだ方位が
あやふやな児童もいるでしょう。社会科などとも関連させ，日常の中でも方位を意識させるようにします。

◎ 評　価 ◎

| 知識および技能 | ・もののかげは，太陽（光源）と反対側にできることがわかる。<br>・時間がたつと，かげは動いている（移動する）ことがわかる。また，かげは太陽の動きに伴って動いていることがわかる。<br>・棒などのかげの向きが西から東に動くことから，太陽は東から上り，南の空を通り，西へと動いていることがわかる。<br>・日光の当たっているところ（日なた）と，当たっていないところ（日かげ）の地面を比べると，日なたの方が明るく，地面の温度も高くなっていることに気づく。 |
| --- | --- |
| 思考力，判断力，表現力等 | ・方位磁針の使い方がわかり，方位を使って太陽と棒のかげの動きを調べ，記録することができる。<br>・棒などのかげの観察の結果をもとにして，太陽の動き（東→南の空→西）を説明できる。 |
| 主体的に学習に取り組む態度 | ・かげや太陽の向き，動きについて見つけたことを言葉にして伝えることができている。 |

| 次 | 時 | 題 | 目標 | 主な学習活動 |
|---|---|---|---|---|
| 太陽とかげ | 1 | かげはどんなところにできるのかをたしかめよう | かげ遊びを通して，人のかげは，太陽と反対側にできていることに気づく。 | ・晴れた日に，「かげ踏み」や「かげつなぎ」などのかげ遊びをして，太陽とかげの向きの関係について，調べる。（校庭にて） |
| 太陽とかげ | 2 | かげができるときのきまりをたしかめよう | かげは，ものが日光を遮ると太陽の反対側にできることがわかる。 | ・遊具などにかげができるときのきまりを話し合う。<br>・太陽の位置と，自分のかげを観察する。（校庭にて）（遮光板の使い方を聞く）<br>・懐中電灯の光でかげをつくり，かげのでき方を話し合う。<br>・かげのでき方を話し合う。 |
| 太陽の動きとかげの動き | 3 | かげはいつも同じいちにできるのか調べよう（午前，午後，2回の観察を通しての学習となります。） | 太陽が動いていることから，時間がたつとかげも動いていることがわかる。 | ・校庭にできたかげや太陽の動きを観察する。（校庭にて）<br>・太陽の動きと，遊具などのかげの動きとそのつながりについて話し合う。 |
| 太陽の動きとかげの動き | 4 | 太陽のいちやかげの向きをほうい（東西南北）で表そう | ・太陽やかげの位置や向きは方位を使って表すことができることがわかる。<br>・方位磁針を正しく使い，方位を調べることができる | ・方位磁針の使い方に慣れるとともに，教室や校庭でものや太陽の方向を東西南北を使って表す。 |
| 太陽の動きとかげの動き | 5・6 | かげや太陽は1日の間にどのように動いているのか調べよう | 1日のかげの動きを調べ，太陽が東から南の空を通って西へ動いていることがわかる。 | ・1日3回，時間を変えて，できたかげを観察するとともに，太陽の見える方向（位置）を記録して，1日の太陽の動きを調べる。<br>・工作用紙大の記録用紙を使い，個人やグループ単位で観察を行う。（ブルーシート大の記録用紙を使って，学級単位で観察を行ってもよい） |
| 日光のはたらき | 7 | 日なたと日かげのちがいを調べよう | 日なたと日かげを比べると日なたの地面は明るく温かいが日かげの地面は明るくなく，また，温かくないことがわかる。 | ・体験をもとにして日なたと日かげの違いについて，知っていることを発表する。明るさや地面の湿り気，地面の色などについて確かめる。 |
| 日光のはたらき | 8 | 温度計の使い方を知り，温度をはかることができるようになろう | 棒温度計の正しい使い方を知り，気温や地面の温度を測ることができる。 | ・棒温度計を使う意味を考えたり，水やぬるま湯の温度を計りながら，棒温度計の正しい使い方と温度の表記法を学ぶ。 |
| 日光のはたらき | 9 | 日なたと日かげの地面の温度を調べてくらべよう | 日なたと日かげの地面の温度を測り，日なたの地面は太陽の光によって温められていることがわかる。 | ・日なたと日かげの地面の温度を，時刻を変えて測定し，その記録を比べて，地面は日光によって温められることを確かめる。 |

注）第9時の「地面の温度」は，教科書に合わせて，棒温度計でなく放射温度計を使ってすすめることもできます。

## かげはどんなところにできるのか をたしかめよう

本時の目標 ▸ かげ遊びを通して, 人のかげは, 太陽と反対側にできていることに気づく。

板書例

〔問題〕 かげはどんなところにできるのだろうか

かんさつ

**1** 日かげ と 日なた

たてものの
かげ

⇓

光が
当たらない

⇓

光が
当たる

日かげ 校しゃ 日なた

北がわ 運動場

QR

かんさつ

**2** かげふみ

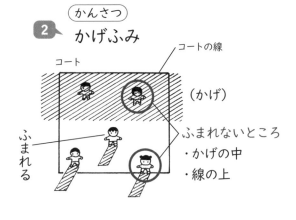

コート コートの線

（かげ）

ふまれる ふまれないところ
・かげの中
・線の上

・かげは同じ向きにできる
・太陽に向かって走ると
後ろにかげができる

QR

POINT 外に出て, かげのできる場所やできない場所や, かげに関する法則を体験的に学び取る活動を取り入れましょう。

## 1 かげはどこにできているのか話し合う（教室にて）

　太陽でできるかげは, 日なたにできる。まず導入で日なたと日かげを想起させた後, 運動場で実際にかげができることを確かめたり, かげ踏み遊びなどを行ったりして, 太陽とものもののかげについて学習を深めるようにする。

T　これから, 太陽とかげの動きの学習をします。まず日なたができるところはどこですか。

C　運動場に日なたができます。

C　中庭の花壇にもできます。

T　では, 日かげができるところはどこですか。

C　体育館の横のほうだと思います。

C　校舎の北側も日かげになっています。

T　みんなよく知っていますね。では, 運動場に出て
日なたと日かげを
見つけましょう。

　校庭を見渡すことができるところで, 日なたや日かげが出来ていることを確かめる。

QR

## 2 日なたでかげ踏み遊びをする（校庭にて）

　かげ踏みやかげつなぎの活動を通して, 太陽とかげの関係に気づかせる。

T　運動場に日なたがありますね。かげ踏み遊びをしましょう。

　四角いコートをかき, しばらくかげ踏み遊びをさせる。

T　では今いるところにしゃがんでみましょう。自分のかげはどこに出来ていますか。

C　かげはいつもあっちの方に伸びています。太陽と反対の方にできます。

T　かげを踏まれないところはありましたか。

C　日かげです。自分のかげもなくなりました。

C　自分のかげがコートの外に出る線の上もだ。

C　太陽に向かって走ると, 踏まれやすかった。

T　なるほど, かげは太陽の光が当たっていることと関係がありそうですね。

| 準備物 | ・ラインカー（ライン引き） | I C T | イラストを提示して，かげと日なたの意味を正しく理解できるようにしましょう。 |  |
|---|---|---|---|---|

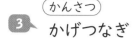

**③ かげつなぎ**

かげは　太陽
　　　　↓
　　　　人（自分）
　　　　↓
　　　　かげの
　　　　じゅんにならぶ（つながる）

（太陽）

（かげ）（人）　QR

**④　〔まとめ〕**

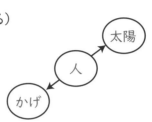

太陽

人

かげ

・自分のかげは太陽と反対がわにできる
・太陽，人，かげのじゅんにできる
・どのかげも同じむきにできる

---

**QR**

・画像

その他多数

---

**3 日なたでかげつなぎをする（校庭にて）**

　次に，児童にかげつなぎをさせて太陽と反対の方にかげができることに気づかせる。
　3〜5人グループでかげつなぎを試みさせる。うまくいかないときはやり方を説明するとよい。

T　では，太陽の場所も考えて，グループでかげをつなぐことができるか，やってみましょう。やり方を説明します。1番の人が日なたに立ちます。その人のかげの先に2番目の人が立ちます。2番目の人のかげの先に3番目の人が立ちます。そうすると，3人のかげがつながっていくことになります。

T　太陽はどの向きかな。やってみよう。

C　一直線に並ぶとかげもつながったよ。

　　太陽のある向きと自分のかげの向きが反対であることに気づくことができる。

QR

**4 太陽，人，かげの3つの位置の関係を話し合い，まとめる（教室にて）**

T　かげ遊びをしてみつけた，かげのでき方のきまりを発表しましょう。

C　太陽のある方を向くと，自分の後ろにかげができます。

C　背中に太陽の光が当たっていると，かげは自分の前にできます。

　　黒板に図をかきに来させてもよい。

T　では，太陽と人とかげの3つはどのように並んでいるといえますか。

C　太陽があり，人があり，かげができます。

C　太陽，人，かげの順にならんでいます。

T　かげつなぎの時の，太陽と自分たちのかげのようすを絵に描いてみましょう。

　　話し合った決まりを絵に表現することで，太陽，人，かげの位置関係を確かめさせる。

太陽とかげの動き　85

# かげができるときのきまりを
# たしかめよう

板書例

## め かげができるときのきまりをたしかめよう

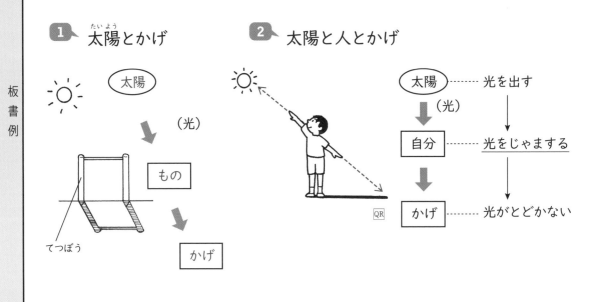

1 太陽とかげ

太陽

（光）

もの

てつぼう

かげ

2 太陽と人とかげ

太陽 ……… 光を出す

（光）

自分 ……… 光をじゃまする

かげ ……… 光がとどかない

POINT かげの位置の変化だけでなく, 長さの変化に注目できた児童がいたときには, どのような場合にかげの長さが変わる

## 1 遊具のかげができているときのきまりについて話し合う（教室にて）

T 前の学習では, 自分のかげのでき方について学習しました。思い出してみましょう。どんなことがわかりましたか。

C 自分のかげは太陽と反対側にできていました。

C 背中に太陽が当たっているときは, 自分の前にかげができる。

T そうですね。今日は, 校庭の遊具のかげでもかげのでき方のきまりがあてはまるか, 校庭で観察をしましょう。

C 鉄棒のかげはぼくのかげと同じ向きでした。

C うんていや校庭の木のかげも同じ向きだよ。

T かげ遊びのときに, よく見ていましたね。では校庭で太陽の向きと遊具のかげの向きを確かめるようにします。

校庭の遊具のかげを観察し, 太陽と遊具とそのかげが並んでいることを確かめるようにする。

## 2 自分のかげとそのときの太陽の位置を観察する（校庭にて）

太陽の向きとかげの向きとの関係をつかむ。

T 自分のかげができるときに太陽はどこにあるでしょうか。太陽の向きとかげの向きを指して確かめることにします。

C 太陽の光がまぶしいです。太陽の向きがわかりにくいです。

T 遮光板で目を守って観察します。まず太陽のある方を指しましょう。

C 太陽が丸い形によく見えるよ。

T 次に, 自分のかげをよく見て, かげの頭の上あたりを指で指しましょう。

C 太陽はかげの反対側にあります。

C 太陽の光が体にじゃまされてかげになるね。

C 太陽とかげの頭は線でつながるみたい。

C 太陽, わたし, かげの順にならんでいます。

遮光板

| 準備物 | ・遮光板（JIS規格）<br>・懐中電灯<br>・粘土 | I<br>C<br>T | 実験写真を真似して，自分達でも太陽の位置とかげの様子を調べ，写真を撮影して比べてみましょう。 |  |
|---|---|---|---|---|

**QR**

・画像

その他

**3** ライト（かい中電とう）と もの・かげ

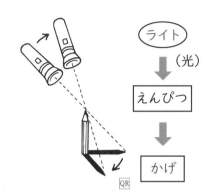

ライト
↓
（光）
↓
えんぴつ
↓
かげ

・ライトを右に動かすと
　かげは　左へ

・えんぴつの上からてらすと
　かげは　短く

**4** 〔まとめ〕

・かげは，光をさえぎるものがあるとできる

・かげは，光が来る方と反対がわにできる

のか追加実験させ，5・6時につなげるとよいでしょう。

## 3 懐中電灯の光でかげをつくる （教室にて）

T　立てた鉛筆に，懐中電灯の光を当ててみましょう。かげはどこにできるでしょうか。

　机や台の上に鉛筆を粘土などで固定しておく。懐中電灯で鉛筆を照らし，かげがどこにできるかを観察させる。

C　懐中電灯でもかげが作れました。

C　懐中電灯の反対側に鉛筆のかげができた。

C　懐中電灯を動かすと，かげも動きました。

T　太陽だけでなく，懐中電灯でも，かげを作ることができますね。では，懐中電灯を右や左に動かすとどうなりますか。

C　懐中電灯を右に動かしたら，かげは左に動いた。

C　懐中電灯とかげの動きは反対になる。

C　懐中電灯を上から当てると，かげの長さが短くなった。

## 4 かげのでき方を話し合う （教室にて）

T　校庭で遊具のかげができるきまりを確かめました。どんなきまりが確かめられましたか。

C　遊具のかげは，太陽の反対側にできました。

T　次に，校庭で，自分のかげの向きと太陽の向きを指さししました。太陽と自分とかげはどのように並んでいましたか。

C　太陽→自分（体）→かげの順でした。

T　最後に，懐中電灯でかげをつくる実験をしました。かげはどのように並んでいましたか。

C　懐中電灯→鉛筆→かげの順でした。

T　この実験ではどんなことを見つけましたか。

C　懐中電灯を動かすと，かげは反対の方に動きました。長さも変わりました。

T　わかったことをノートに書きましょう。

C　太陽の光を遮るものがあると太陽と反対側にかげができることがわかりました。

太陽とかげの動き　　87

# かげはいつも同じいちにできるのか調べよう

（午前，午後，2回の観察を通しての学習となります。）

板書例

〔問題〕 かげはいつも同じいちにできるのだろうか

**1** 〔問題〕

かげのいちはいつも同じだろうか。動くのだろうか。

午前と午後でくらべると ──────── （かげの）

（午前）　　　　（午後）

・向きは　→　動いている
・いちは
・長さは → かわる
　　　　　　（みじかく）

※午前・午後の校庭の写真を提示する（教科書やQRリンクなどの画像から）。

POINT　長さの違いにも気づかせたいので，午前写真はなるべく早く，午後写真は正午ごろ撮らせるとよいでしょう。同じ場所

## 1 かげはいつも同じ位置にできるのだろうか（教室にて）

T　遊具などのかげはいつも同じ位置にできるのでしょうか。それとも動くのでしょうか。

C　朝と昼では，かげのできるところがちがうから，動くと思う。

T　校庭にできるかげを，午前と午後でくらべてみましょう。

　黒板に写真を提示，または教科書の写真を見せる。

T　かげの向きや長さは，朝休みと昼休みで変わっていますね。どうしてでしょうか。

C　校庭の遊具は動かないので，日光の向きが変わって，かげの向きが変わると思います。

T　では，観察して確かめましょう。まず，午前中に校庭にできたかげの位置を調べます。つづいて午後に校庭にできたかげの位置を調べます。太陽の動きも調べましょう。校舎や柱などを目印にして，太陽が動いているかどうかを観察します。

## 2 校庭にできたかげや，太陽の動きを観察する（校庭にて）

T　今，午前10時です。地面にできた遊具のかげの形に合わせて，線を引きましょう。大きなかげには，ライン引きを使って線を引いてなぞりましょう。鉄棒のかげをなぞってみましょう。

C　鉄棒のかげをなぞっていたら，少しずつ動いているよ。かげは動いているんだ。

T　校舎を目印にして，太陽は動いているのかどうかを観察しましょう。直接太陽を見ては目を痛めるので，遮光板を使って，太陽を見るようにします。座って観察しましょう。

　観察している位置が変わらないようにする。遮光板での観察時間は，長くならないよう注意する。

〈校しゃ〉

C　太陽が校舎に近づいてきたよ。

C　校舎に近づいて，太陽が見えなくなった。

C　太陽もかげと同じでゆっくり動いているね。

**QR**

・画像

その他

**2** かんさつ

てつぼうのかげと 太陽(たいよう)　　　校しゃと 太陽

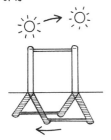 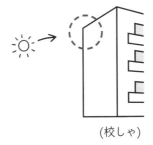

(校しゃ)

**3** かげは太陽と反対(はんたい)に動いている　⇐　太陽は動いている

**4** 〔まとめ〕

太陽が動いていちがかわると　➡　かげのいちもかわる

から同じアングルで撮影することも指導しましょう。

## 3 観察結果からかげと太陽の動きについて話し合う（教室にて）

T　校庭での観察から，かげの位置と太陽の動きについてわかったことをまとめましょう。校庭にできたかげの位置は，時間がたつとどうなりましたか。
C　かげが少しずつ動いていました。
C　はじめのかげに引いた線から，かげがずれていきました。
T　では，太陽は動いていましたか。
C　遮光板で見ると，ゆっくり動いていることがわかった。ぼくは，はじめ日なたにいたのに，気がついたら校舎のかげにいたよ。太陽は校舎にかくれていた。
T　校庭にできるかげは，同じ方向に同じ速さで動いていきましたね。このことから，校庭にできるかげは時間とともに向きや位置が変わること，太陽も動いていることがわかりました。

## 4 かげの動きと太陽の動きのつながりを考え，まとめる

T　校庭にできたかげが動いていたわけを考えてみましょう。
C　かげは太陽の光が鉄棒に当たってできるからです。太陽が動いているので，かげも動くと思います。
C　校庭でかげを観察していると，かげは少しずつ動きつづけているので，太陽も動きつづけていると思いました。

　グループで相談する時間を取ってから発表する方法や，かげが動くわけを図に示すなどしてから意見交流を促すなど，工夫をする。

T　かげの位置が動くのは，太陽が少しずつ動きつづけているからだということがわかりました。では，太陽は1日の間に，どのように動いているのでしょうか。この学習もしていきましょう。

# 太陽のいちやかげの向きを ほうい（東西南北）で表そう

・太陽やかげの位置や向きは方位を使って表すことができることがわかる。
・方位磁針を正しく使い，方位を調べることができる

板書例

〔問題〕 太陽のいち（東西南北のほうい）が かわるとかげの向きはどうかわるのだろうか

1 ほういじしん

2

北の文字 ┐
はりの先 ┘ 合わせると
東 西 南 の
ほういもわかる

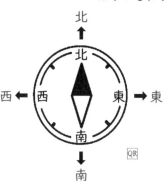

3 かんさつ 教室のほうい

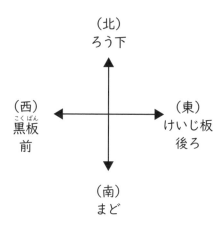

（北）
ろう下

（西）
こくばん
黒板
前

（東）
けいじ板
後ろ

（南）
まど

POINT 方位磁針は事前に正しい向きを向いているか確認しましょう。

## 1 かげや太陽の位置や向きは，方位を使って表せることを話し合う

T かげや太陽の位置を観察してきました。そして，かげや太陽の位置は，時間とともに変わっていることもわかりましたね。

C 太陽が動いているからかげの位置も変わる。

T では，太陽やかげの位置（方向）が，どのように変わるのか，方向をうまく表す言い方はないのでしょうか。

C 「あっち」や「こっち」ではわからないね。

C 「右」「左」も場所が変わると変わりそう。

C 「南」や「北」「東西南北」ならわかるよ。

社会科で既習ならば，ここで方位をふり返る。

T 北や南のことを「方位」といいます。この「方位磁針」という道具を使うと，位置や方位を，北や南という言葉でいい表すことができます。

各自1つずつ方位磁針を配布する。

## 2 方位磁針を使って，方位を知る方法を確かめる

T 方位磁針を手のひらにのせて，針の様子を見てみましょう。針はどうなったでしょうか。

C 揺れていた針が，止まってきました。

T 針が止まったときの針のさしている方向が，北と南です。針の色のついている方が北になります。反対側が南です。ゆっくりと方位磁針を回して，針を漢字の「北」に重ねてみましょう。

C 「北」と針が重なりました。

T では，方位磁針を見て先生がいう方向を指しましょう。初めは南を指しましょう。

西や東も同様に指させる。北西などの8方位も児童に応じてとり上げてもよい。

北

南

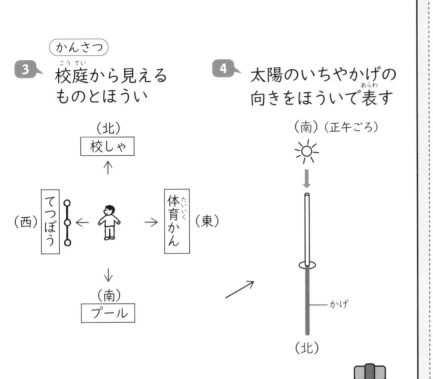

**3** かんさつ
校庭から見える
ものとほうい

**4** 太陽のいちやかげの
向きをほういで表す

（北）
校しゃ
↑

（西）　てつぼう　←　👦　→　体育かん　（東）

↓
（南）
プール

（南）（正午ごろ）
☀

かげ

（北）

その他

---

**3** 観察結果から，かげと太陽の動きに
ついて話し合う（教室にて・校庭で）

T　黒板のある方（西），窓のある方（南），廊下（北）
　の方位を方位磁針で調べましょう。

C　黒板があるのは「西」の方位です。

　　もののある方向を方位で表し話し合う。

T　では，校庭でも方位磁針を使って，4つの方位を
　確かめてみましょう。そしてその方位にはどんなも
　のがあるのか，見てみましょう。

T　校庭の真ん中あたりに集まります。方位磁針の針
　の先と「北」の文字を合わせましょう。

T　北の方位には，何がありますか。

C　校舎です。

　　南の方位にはプール。西の方位には，ジャングルジム，ま
　たは，鉄棒という児童もいる。
　　立つ位置により見える方向が異なることがある。

**4** かげや太陽の位置を方位で表してみる

　　ここで太陽の見える方向やかげの向きも，方位を使って表
　してみる。4方位で言い表すなら太陽が真南に来る正午ごろ
　が観察に適している。

T　鉄棒の支柱にかげができています。かげの向きの
　方位をいってみましょう。

C　方位磁針の針をかげのできている向きに重ねる
　と，かげの向きは「北」です。

C　どの支柱のかげの向きも「北」です。

T　そうですね。12時頃のかげはどこも北を向いて
　できます。だから，12時ごろにかげのできる方位
　は北ともいえます。

T　このときの太陽はどの方位にありますか。

C　方位磁針の「南」の方に太陽があります。

T　お昼ごろに太陽のある方位は「南」といえますね。

# かげや太陽は１日の間にどのように動いているのか調べよう

板書例

## 〔問題〕 かげや太陽は１日の間にどのように動いているのだろうか

**1 2 かんさつ**

１日のかげの動きと太陽の動き

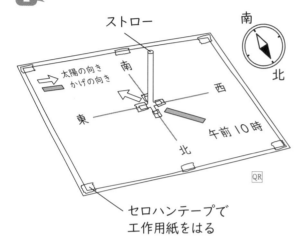

セロハンテープで工作用紙をはる

きろく

| 時こく | かげ | 太陽 |
|---|---|---|
| 午前10時 | 北と西の間 | 南と東の間 |
| 正午 | 北の方 | 南の方 |
| 午後2時 | 北と東の間 | 南と西の間 |

POINT　鉄棒と白線を使うと，実験道具が風で飛ばされることなく，記録に残しやすいのでおすすめです。

## 1 １日のかげの動きを調べる準備をする

T　１日のかげの動きと太陽の動きを調べます。まず，記録用紙の用意をします。工作用紙の方眼に，東西南北を示す十字の直線を引きます。その線が交わっているところに，セロハンテープを使って，ストローを立てます。日光が当たる場所に置き，ストローのかげができるようにします。

T　次に方位磁針で方位を調べ，記録用紙の南北の線と方位磁針の針の向きを合わせます。

T　１日３回観察します。１回目は午前１０時，２回目は正午１２時，３回目は午後２時にかげと太陽の方向を記録します。

T　午前１０時になったらストローのかげを鉛筆でなぞります。太陽の向きも矢印で記録します。

　旗台と旗棒や鉄棒の支柱などをつかっても観察しやすい。

## 2 午前１０時にかげと太陽の向きを観察し記録する（校庭にて）

T　１０時になります。方位磁針で方位を確かめておきましょう。

T　１０時になりました。かげの向きに注目し，かげの形を鉛筆でなぞります。太陽の向きも矢印で書き込みましょう。

C　１０時のかげは，北と西の間にできました。

C　かげの長さはストローの長さぐらいかな。

T　太陽の向きはわかりますか。太陽を見るときは，遮光板を使いましょう。

C　太陽のある方向はかげのある方向と反対だ。

C　太陽→ストロー→かげの順に並んでいます。

T　１０時のかげとその長さ，太陽の向きを観察できました。次は，１２時（正午）に観察しましょう。

　教室に戻って，正午のかげの向きと長さを予想し合うと観察の意識づけになる。

・方位磁針　・遮光板
・工作用紙　・5cmのストロー
・セロハンテープなど

準備物

I C T

観察のときにかげの様子を撮影し，変化に気づけるようにしましょう。

**3** [けっか]

### かげと太陽のいち

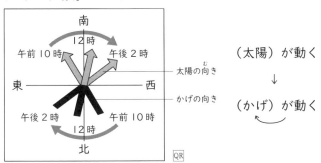

（太陽）が動く
↓
（かげ）が動く

**4** 〔まとめ〕

・太陽は，東の方から出て，南の空を通って，西の方に動いている

・太陽のいちがかわると，かげの向きもかわる
　（東→西へ）　　　　（西→東へ）

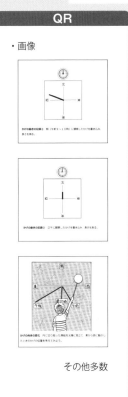
---

## 3 かげや太陽の位置を方位で表してみる

T　次は12時のかげと太陽の向きを観察します。まず，方位磁針で北の方向を確かめて記録用紙を正しく置きましょう。

T　12時になります。かげの向きに注目してかげの形を鉛筆でなぞり，太陽の向きを矢印で書き込みましょう。

C　かげの長さは，10時より短くなりました。

C　かげの向きは北，太陽は南に変わった。

T　10時に観察したときのかげとの違いがわかりましたね。同じところはありますか。

C　かげと太陽の向きが反対です。

C　太陽→ストロー→かげ　の順番です。

T　12時ごろ，かげはほぼ真（ま）北，太陽のある方向はほぼ真（ま）南です。

　次は午後2時に観察をします。かげの向きと長さがどうなるか予想しましょう。

## 4 観察の結果から1日の太陽の動きをまとめる（教室にて）

午後2時の観察と記録をする。

T　今日の3回の観察でわかったことを発表し，太陽とかげの動きをまとめます。かげの位置はどのように変わりましたか。

C　西から北を通って東の方に動きました。

T　太陽が動くので，かげも動いたことがわかりましたね。

T　太陽の位置はどのように変わりましたか。

C　東から南を通って西の方に動きました。

T　では，南の方を向いて右手を太陽の動きに合わせて動かしてみましょう。

　太陽を円の形に切り取り，手に持って東から西へ動いたことを動作化させるとよい。かげの長さや太陽の高さの変化については深入りしない。

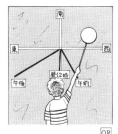

# 日なたと日かげのちがいを調べよう

板書例

## ⓜ 日なたと日かげのちがいを調べよう

**1**
**2**　「日なたと日かげ」のちがい

|  | 日なた | 日かげ |
|---|---|---|
| 明るさ | 明るい | 暗い |
| あたたかさ | あたたかい | ひんやり |
| しめりぐあい | かわいている | しめっている |
| そのほか | 草が生えていた | 水たまりがあった |

QR

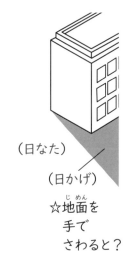

（日なた）

（日かげ）

☆地面を手でさわると？

(POINT) 自分の学校のどこに日なたや日かげができるのか話し合わせるとよいでしょう。

## 1 日なたと日かげの場所やその違いについて話し合う

　学校の中の日なたと日かげについて，知っていることを引き出し，体験を比べることで，学習の課題をつかむ。

T　学校の中で日なたはどこかな？
C　校庭と学級園は1日中日が当たっている。
C　学校の正門のところ。
T　それでは，日かげはどこかな？
C　体育館の向こう側，駐車場の方かな。
C　朝は日なただけど，昼からは日かげになるところがあります。
T　日なたに立つとどんな感じがしますか。
C　温かくて，まぶしい感じがします。
T　日かげに立つとどんな感じがしますか。
C　ひんやりしている感じがします。
C　湿っている感じがします。

## 2 校庭に出て日なたと日かげの違いを体で確かめる

　外へ出て校庭で，日なたと日かげの様子を観察する。

T　晴れた日は暖かくなりますが，曇りや雨の日は寒いことがあります。校庭で日なたと日かげの様子を観察してわかることを見つけましょう。
T　日なたはどんな感じですか。
C　日なたは明るくてあたたかいです。
C　日なたの地面にさわるとあたたかいです。
T　日かげの様子はどんな感じですか。
C　日かげは日なたと比べて暗いです。
C　日かげの地面にさわると冷たい感じがした。
T　その他，気づいたことはありませんか。
C　日なたには，草が生えていました。
C　日かげには，小さな水たまりがありました。

　事前に板書と同じようなワークシートを児童に渡しておき，考えていたことと，実際に見つけたことを記録できるよう助言する。

---

**QR**
・ワークシート
・画像

**3**
**4** ［まとめ］

太陽の光が
当たらないところ　　　　当たるところ

↕　　　　　　　　　↕

日かげの地面　　　　　日なたの地面

| 明るくない | ⟷ | 明るい |
| あたたかくない | ⟷ | あたたかい |

---

## 3 観察したことや，気づいたことを話し合う，発表する

T　実際に観察したことを発表しましょう。

T　明るさに違いはありましたか。

C　日なたは明るくて日かげは暗かったです。

T　地面を触った人は，比べて，どうでしたか。

C　日なたの地面はあたたかくて，日かげの地面は冷たかったです。

T　湿り具合はどうでしたか。

C　日なたの土は乾いていたけど，日かげの土は少し湿った感じがしました。

T　たくさんのことに気づきましたね。地面を触ったときの感じ方は，人によって違うので伝えにくいですね。地面の温かさは温度計を使って測ることができます。２０度や２５度などと温かさを数字で表すと比べやすいですね。

　温度計を使って温度を測り，温かさを比べる実験をすることを伝える。

## 4 日なたと日かげの違いは太陽の光の当たり方がもとになることを話し合う

T　日なたと日かげには違いがあることがわかりましたね。この違いはどうしてできたのでしょうか。違いの理由を考えてみましょう。

C　日なたが明るくあたたかいのは，太陽の光が当たっているからだと思います。

C　太陽の光が当たっていると，すぐにあたたかくなります。

C　晴れた日はあたたかくなるけど，曇りの日や雨の日は，涼しかったり寒かったりします。これも太陽の光の当たり方の違いがもとになっていると思います。

T　日なたは，太陽の光がたっぷり当たって，明るくあたたかいですね。次の時間は温度計も使って日なたと日かげの違いを調べます。そのために，温度計の名前や使い方を学習します。

# 温度計の使い方を知り，温度を はかることができるようになろう

棒温度計の正しい使い方を知り，気温や地面の 温度を測ることができる。

板書例

## 〔問題〕 温度計(おんどけい)で，どのように温度を はかるのだろうか

**1** ぼう温度計を使おう

90°に なる

**2** そくてい ぼう温度計のめもりをよもう

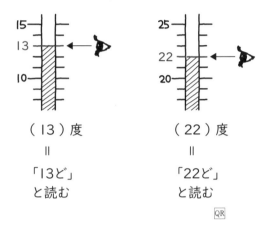

（ 13 ）度
＝
「13ど」
と読む

（ 22 ）度
＝
「22ど」
と読む

（POINT） デジタル温度計に慣れている児童も多いので，目盛りを読む練習をした方がよいでしょう。

## **1** 温度計のしくみ（つくり）と使い方を聞く

T 日なたと日かげの温度を調べるため，温度計について学習します。温度計はガラスでできた器具です。先のふくらんだところを液だめといいます。そこに赤い液が入っていて温度計の中の細いくだを上がったり下がったりします。

T 持ち運ぶときはケースに入れること。また，液だめを握らないように注意しましょう。

T 温度計を使うと温かさを数字で表すことができます。日なたと日かげの温かさの違いも数字で比べられますね。

T 目盛りの読み方について気をつけることが2つあります。温度計に目線が直角になるように目盛りを読むことと，赤い液のはしが目盛りと目盛りの間にあるときは，近い方の数字を読むことです。目盛りの真ん中にあるときは上の数字を読みます。赤い液が動かなくなるのを待って目盛りを読みましょう。

## **2** 温度計を使って空気の温度を測る

T 空気の温度を気温といいます。気温は日かげで測ります。日かげがないときは，温度計に直接光が当たらないように覆いをしてそのかげの中で目盛りを読みます。では，今から，教室の空気の温度を測ります。

T 目盛りを読みましょう。

C 目盛りは25でした。

C こちらは24でした。

T このとき，25なら25度と読みます。24なら24度です。次に水やぬるま湯の温度を測ってみましょう。気温と違って，赤い液の先が動くので，温度計の動きが落ち着いてから読むようにします。

（棒温度計の読み方）

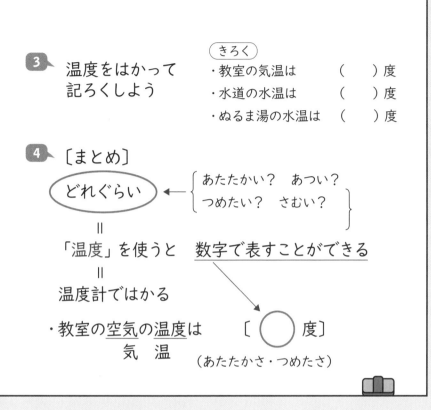

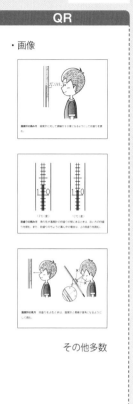

## 3　温度計を使って，水やぬるま湯の温度を測る

T　<u>水の温度を水温といいます。</u>まず，冷たい水を入れたビーカーに温度計を差し込みます。ガラスでできているので，落とさないように注意して入れましょう。

T　赤い液が少し下がりました。

　　気温と水温は，同じ部屋ならふつう大きな差はない。

T　液が止まったら，目盛りを読みましょう。

C　２２で止まったので，２２度です。

T　次にぬるま湯を入れたビーカーに温度計を入れましょう。

C　赤い液が上がっていきます。

　　このように水と湯の温度を測ることで，<u>赤い液が上下することを体感し，目盛りを追って読むことができるようにする</u>。ぬるま湯は風呂の温度ぐらいのものを使う。

## 4　温度計の使い方でわかったことを書き，話し合う

T　今日の学習でわかった温度計の使い方や目盛りの読み方，温度について思ったことや考えたことをノートに書きましょう。ノートに書いたことを発表しましょう。

C　温度計の持ち方がわかりました。

C　目盛りの読み方と言い方がわかりました。

C　<u>天気予報の気温の話と今日の学習がつながりました</u>。

C　温かさを友だちに伝えにくかったけど，<u>温度を数字で言えるので伝えやすいと思いました</u>。

T　<u>寒いときや暑いときにも，暑さや寒さがどれぐらいなのか，温度計を使って温度で表してみたいですね</u>。

　　棒温度計だけでなく，バイメタル式や液晶の温度計，放射温度計なども紹介できるとよい。

# 日なたと日かげの地面の温度を調べてくらべよう

板書例

〔問題〕　日なたの地面と日かげの地面では
　　　　あたたかさは，どれくらいちがうだろうか

**1** ぼう温度計を使おう

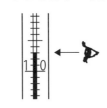

110

**2** **3** 温度をはかって記ろくしよう

| 地面の温度（　　　月　　　日） | | | |
|---|---|---|---|
| 日なた | | 日かげ | |
| 午前10時 | 度 | 午前10時 | 度 |
| 正午 | 度 | 正午 | 度 |

QR

POINT　カバーが付いている温度計ではなく，温度計が直接土に当たるようにしましょう。放射温度計を使ってもよいですが，

## 1 日なたと日かげの地面の温度を測る

T　日なたと日かげの地面の温度を測って比べてみましょう。地面の温度は，地面を少し掘って，その中に温度計を差し込んで，目盛りを読み取ります。温度計には，日よけをして日光が直接当たらないようにします。

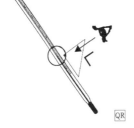

※太陽の光が温度計に当たらないように覆いをする。

この下に温度計がある。

覆いをかける。

液だめを差し込む。

QR

C　穴はどのように掘りますか。
T　移植ごてを使い，浅く掘って液だめをおき，上に土をかけます。（温度計で掘らないように）
C　温度を測るのはいつですか。
T　地面の温度は午前10時に1回目を測り，そのあと正午（12時）に2回目を測ります。それぞれ日なたと日かげで測ります。

具体的に説明をして理解を深めるようにする。

## 2 温度計を使って，午前10時の地面の温度を測る

日なたと日かげそれぞれに温度計を準備する。正午の測定まで温度計をそのままにしておく。

T　日なたと日かげに温度計を準備します。10時頃と正午頃に温度を測ります。温度はどうなると思いますか。
C　日なたの方が温度は高くなると思う。
C　日なたでも正午の温度の方が高くなると思う。
T　温度計の用意をしよう。

注意点を確認しながら温度計を地面に設置させる。

T　もうすぐ10時です。目盛りを読む用意をしましょう。
C　液が動かなくなったら，目盛りを読んでみよう。
T　友だちと協力して10時のときの温度を読んでみましょう。
C　日なたは19度，日かげは15度です。

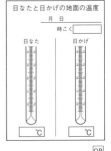

日なたと日かげの地面の温度

月　日

時こく

日なた　　　日かげ

℃　　　℃

QR

<table>
<tr><td>準備物</td><td>・棒温度計とケース　　　・移植ごて<br>・温度計の覆いとしての牛乳パックやボール紙<br>など　　・記録表 QR</td><td>ICT</td><td colspan="2">温度計で土を掘らないように，イラスト<br>を使って正しい測定方法を指導しましょ<br>う。</td></tr>
</table>

**QR**

・画像

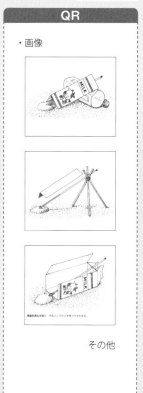

その他

4 〔まとめ〕

温度計を使って日なたの地面と日かげの
地面のあたたかさをくらべると

→日なたのほうが，温度が高い
（あたたかい）

太陽（たいよう）の光 で地面があたたまるから

事前に設定を確認し，棒温度計とズレがないようにしましょう。

## 3 正午の地面の温度を測る

T　正午になりました。2回目の温度を測りましょう。
　午前10時のときの温度と比べてどうなっているで
　しょうか。

T　まず，温度の予想をしましょう。

C　午前10時より温度が高くなっていると思う。

C　日なたは，太陽がずっと当たっていたので温度も
　高くなっていると思います。

T　目盛りを読みましょう。

C　日なたは26度で，日かげは16度でした。

C　日かげの温度は日なたより低いなあ。

T　午前10時と正午の地面の温度を測ることができ
　ました。では教室で結果をふり返ります。

　　午前10時と正午に測定するので，当日の天気の情報も参
　考にする。温度計には各々誤差もありグループごとの数値に
　も違いが出ることを伝える。大体同じであることがわかれば
　よい。

## 4 日なたと日かげの地面の温度について まとめる

T　2回の観察の結果を確かめます。気づいたことを
　グループで話し合いましょう。

　　このとき，児童の意見を聞きながら助言をする。

T　みんなが測った温度を発表しましょう。

C　日なたの午前10時は，19度でした。

C　日なたの正午は26度でした。日かげは…

T　温度の表からどんなことがわかりますか。

C　日なたも日かげも正午の温度の方が高いね。

C　日なたの地面には，太陽の光がよく当たっている
　から，温度も高くなったと思います。

C　日かげの地面は，太陽の光が当たらないので，温
　度があまり高くならないと思います。

T　午前10時も正午も地面の温度は太陽がよく当た
　る日なたの方が高いといえますね。ここから地面を
　温めているのは何だと思いますか。

C　太陽の光だと思います。

# 太陽の光を調べよう

## ◎ 学習にあたって ◎

### ◉ 何を学ぶのか

　私たちは，日々太陽の光を浴びています。しかし，太陽の光の進む道筋そのものは，あまり目にはしていません。本単元では，太陽の光はどのような進み方をするのか，またどのようなはたらきがあるのかを調べます。学習内容としては，太陽の光（日光）は直進すること，そして，鏡に当たった光は，はね返る（反射する）こと，また，虫眼鏡を通った光は，1か所に集まることを取り上げます。

### ◉ どのように学ぶのか

　3年生は，「やりながら」考え，また「体を通して」わかるという時期です。鏡を使った「まと当て」や「虫眼鏡で紙を焦がす」などの活動にも，意欲的に取り組むでしょう。そして，それらの活動を通して，反射の基本的なきまりや，焦点の合わせ方などにも気づいていきます。いわば，活動の中に学びがあるのです。そのため，鏡や虫眼鏡は各自に，または二人に一つは準備し，どの子もそれらを使って学べるようにします。一方，子どもには気づきにくいこともあります。例えば，反射した光の道筋などを見るには，光を地面に当てて映してみる，などの手立てが必要です。これらのように，効果的な実験のやり方などは，「こうすればいいよ。」と子どもに教え，効率的に進めます。

### ◉ 留意点・他

　光の直進や反射，レンズでの光集めなど，3年生での体験と学びは，今後，光の一般的な性質を学ぶときの土台にもなります。虫眼鏡での光集めも，「光の屈折」や「焦点」など，将来，光について学ぶときにも欠かせない体験であり，体験そのものが大事なのです。

　一方，鏡や虫眼鏡，温度計の扱いには十分な注意が必要です。また，太陽や日光そのものを見つめることも危険を伴います。安全にかかわることは，指導者からの適切な助言と指導が必要です。また，授業は晴れの日に行うことが多くなるので，指導計画も余裕を持ったものにしておきます。

## ◎ 評　価 ◎

| 知識および技能 | ・太陽の光はまっすぐ進み（直進する），鏡などにあたるとはね返る（反射する）ことがわかる。<br>・虫眼鏡に太陽の光を当てると，虫眼鏡を通った光は集まることがわかる。<br>・ものに太陽の光が当たると，その部分は明るくなり，温度も上がることがわかる。また，鏡や虫眼鏡を使うと，光を集めることができ，その部分の明るさは明るくなり，温度も高くなることがわかる。 |
|---|---|
| 思考力，判断力，表現力等 | ・鏡の向きと光の道筋を考えて日光をはね返し，的に光を当てることができる。<br>・虫眼鏡と紙との間隔を考え，調整しながら虫眼鏡を使い，太陽の光を集めることができる。 |
| 主体的に学習に取り組む態度 | ・鏡で日光をはね返すことや，虫眼鏡を使った光集めなどの活動に興味を持ち，進んで挑戦する。<br>・鏡を使って光を集めるやり方を考えたり，くらしの中での日光の利用について関心を持ったりする。 |

| 次 | 時 | 題 | 目標 | 主な学習活動 |
|---|---|---|---|---|
| はね返した日光 | 1 | 太陽の光をかがみに当てると光がどうなるか調べよう | 太陽の光は真っ直ぐ進み（直進）鏡に当たるとはね返り（反射して）まっすぐ進むことがわかる。 | ・光の直進と反射を実験で確かめる。 |
| | 2 | 鏡で日光を当てたところの明るさとあたたかさがどうなるか調べよう | 鏡ではね返した日光が当たったところは、周りよりも明るくなり、温度も高くなることがわかる。 | ・鏡で反射させた日光が当たったところの温度が高くなることを実験で確かめる。 |
| 集めた日光 | 3 | 虫めがねで日光を集めるとどうなるか調べよう | 虫眼鏡を用いて日光を集め、紙を焦がすことができる。 | ・虫眼鏡と紙との間隔を加減しながら虫眼鏡で日光を集め、紙を焦がす。 |
| | 4 | 虫めがねを通った光はどのように進むのか調べよう | 虫眼鏡を通った光は、1つの点に集まり、たいへん明るく、温度が上がることがわかる。 | ・虫眼鏡と紙との距離を変えながら、虫眼鏡を通った光が小さな1つの点に集まることを確かめる。<br>・大きさのちがう虫眼鏡では、大きい方が、より多くの光を集めてより紙をより多く焦がすことができることを確かめる。 |

注）第4時の大きさの異なる虫眼鏡で紙の焦げ方を比べる学習は軽く取り上げ、発展的な扱いにしてもよいでしょう。

# 太陽の光をかがみに当てると光がどうなるか調べよう

板書例

〔問題〕 太陽の光をかがみに当てると，光はどうなるだろうか

**1** **2** 光は，かがみで
はね返る ⇒ まとへ

はね返った
光の進み方

**3** 光をかがみに当てて
つなぐ（リレー）

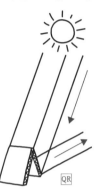

(POINT) 鏡で日光を他の人の顔に当てないよう指導しましょう。

## 1 鏡を使った体験を出し合う

　鏡を使って日光をはね返した体験を出し合う。学習の意欲を高める。

T　鏡を使って日光をはね返したことはありますか。

C　やったことがあります。まぶしかったです。

T　今日は鏡を使って，はね返した日光の進み方を観察します。気をつけることは何ですか。

C　日光が目に当たると目を痛めるので，絶対に日光をはね返して人の顔に当てないようにする。

C　鏡はガラスでできているので落とさないこと。

　この後，実際に日なたに出て鏡で日光をはね返して観察をする。鏡を使って日光を反射できる場所はどんな場所かにも気づかせたい。

　太陽に向かって立ち，向かい側に日光の当たっていない壁があるところで的当てができる。的には自転車の反射板などを使っても面白い。

## 2 鏡を使って日光をはね返す

　日なたで鏡を使って日光をはね返す。初めに反射光を地面に当てると，光の道筋がわかりやすい。

T　自分の鏡ではね返った日光はわかりますか。

C　みんなの光がいっぱいで，自分のはね返した光がどれかわかりません。

T　的の近くの日なたから日光をはね返して壁に当ててみましょう。日光の進み方がわかりやすくなります。

C　自分の鏡で当てた日光がどれか，わかった。

T　鏡ではね返した光を地面に当ててみましょう。光の道筋ができることがわかりますよ。地面に光の線を引いたように見えますね。

C　本当だ。真っすぐの明るい線が見える。

C　鏡を動かすと光の筋がのびたりちぢんだりするね。

C　はね返った光の進む道筋も真っすぐだね。

**4** （光の進み方は？）

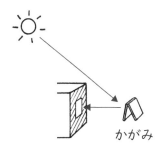

かがみ

〔まとめ〕

・太陽の光はまっすぐ進む

・太陽の光はかがみに当たるとはね返る（反しゃ）

・かがみではね返った光もまっすぐ進む

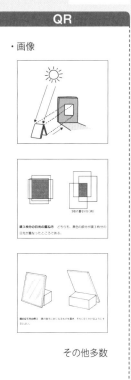

QR

・画像

その他多数

---

## 3 はね返した日光を，鏡を使ってつなぐ（光のリレー）

T はね返した光を使って，地面に光の線を引くことができました。では，その光の線を友だちの鏡にはね返して当てることで，光のリレーをしてみましょう。

T 友だちの鏡がはね返した光を自分の鏡ではね返してみましょう。

C 日かげに光の線が届いて，光のリレーができたよ。

　日なたから日かげに，鏡を使って太陽の光をリレーでつなぐようにする活動。光の通り道に，光のはね返る方向を確かめながら自分の鏡を置く。はね返った光が鏡と鏡の間を真っすぐに進んでいることに気づかせる。地面に映った光の進路に下敷きなどを置くと，下敷きは明るくなり光が直進するようすがよくわかる。

---

## 4 太陽の光と鏡について，わかったことや気づいたことをまとめる

　鏡で日光をはね返す活動を通して，わかったことや気づいたことを話し合い交流する。

C 太陽の光は鏡ではね返る（反射する）ことがわかりました。

C 地面に当てると，光がまっすぐ進んでいることがわかりました。

C 光が当たると，的がとても明るくなった。

T 光のリレーをしてわかったことは何ですか。

C 地面に光のまっすぐの線ができました。

C 一度はね返った光もまっすぐに進みました。

T 太陽の光は鏡に当たって，的までどのように進んだのかを線でかいてみましょう。

T 光のリレーでは，鏡にはね返った光が，地面に当たり，光がまっすぐ進む様子がわかりました。次の鏡ではね返った光もまっすぐ進んでいましたね。光はまっすぐ進むのですね。

# 鏡で日光を当てたところの明るさと あたたかさがどうなるか調べよう

**板書例**

〔問題〕 温度計にかがみで日光を当てると，
明るさとあたたかさ（温度）はどうなるだろうか

**1** じっけん
まとに日光をあてる

まとのつくり方
ぼう温度計
だんボールの板（いた）
えきだめ

温度計
まと ── かがみ

**2 3** きろく
（まとの温度）

| かがみの数 | 0まい（光を当てない） | 1まい | 3まい |
|---|---|---|---|
| まとの温度 | 度 | 度 | 度 |
| 明るさのようす | | | |

POINT 生活で日光を利用する道具のイラストを見て，日光をどのように集め，エネルギーをどのように有効活用をしている

## 1 日光を当てたところの明るさと温度を調べる

T 日かげに置いた的に，鏡ではね返した日光を当てると，的の明るさと温度はどうなるでしょう。

T 的は棒温度計を差し込んだダンボールを使います。日光を当てないとき，鏡1枚のとき，鏡3枚で日光を重ねて当てたときを調べます。

T 鏡ではね返した日光を当てる時間は，3分間です。みんなで協力してストップウォッチで時間を計り，3分後に的の温度を読み取ります。

T 日光を当てないとき，温度はどうなりますか。

C 日光が当たらないので温度は高くならない。

T 鏡1枚だけで当てたときはどうなりますか。

C 少し高い温度になると思います。

T 鏡3枚で当てたときはどうなりますか。

C 温度は鏡1枚のときより高くなると思う。

T では，的の明るさはどうなると思いますか。

C 鏡3枚分のときがいちばん明るいと思う。

## 2 鏡の数を変えて日光を当て，的の明るさと温度を調べる

的を作って日かげに置く。日なたに出て鏡で的に日光を当てる用意をし，実験を始める。教科書にあわせて，放射温度計を使うこともできる。

T はじめに，日かげにある的の温度を読み取りましょう。表に記録しましょう。

C 16度でした。

T 次に，鏡1枚だけで光を当ててみましょう。用意ができたら，3分間光を当てます。

C 的の温度は24度でした。

T 次は鏡3枚を使って光を当てます。光を3分間当てた後，温度を測りましょう。

C 的の温度は45度。すごいなぁ。

C 鏡3枚分の光を当てたところは，とてもまぶしくて，明るい。

**4** じっけん

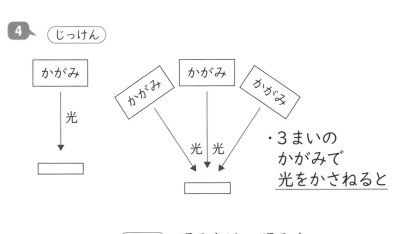

かがみ

光

かがみ　かがみ　かがみ

光　光

・3まいの
かがみで
光をかさねると

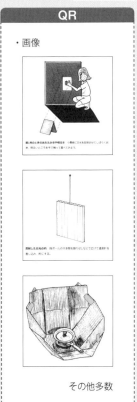
けっか　明るさは　明るく
　　　　温度は　　高くなる

〔まとめ〕
　光を集めれば集めるほど，明るさは明るくなり，
温度は高くなる

のか考えさせるとよいでしょう。

## 3　鏡の枚数が増えると，的の明るさと温度はどうなっていったのかを話し合う

　鏡の枚数が増えると，温度や明るさはどう変わったのか，実験をふり返る。

T　光を当てないとき，的の温度は何度でしたか。
C　16度でした。
C　日かげだから，明るさも明るくなかった。
T　鏡1枚のときはどうでしたか。
C　的のところは，明るくなりました。
C　24度でした。
T　鏡3枚で光を当てたときはどうでしたか。
C　温かさは45度でした。
C　的のところがとても明るくなり，びっくりしました。
C　まぶしいぐらいでした。

　鏡の数が増えると，的の温度と明るさがともなって変わることをおさえるようにする。

## 4　はね返した日光を活用する

　鏡を使ってはね返した日光を活用する方法を考えさせる。

T　鏡ではね返して当てる日光が増えると，温度や明るさはどう変わりましたか。
C　鏡の枚数が多くなると，温度は高くなり，明るさも明るくなりました。
T　もっと鏡を多くして太陽の光をはね返して集めると，どうなるでしょうか。
C　温度がもっと高くなり，明るさももっと明るくなると思います。
T　鏡ではね返した日光をたくさん集めて何かに使えないでしょうか。
C　物をあたためることができそうです。

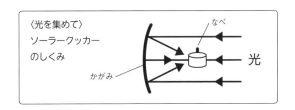

〈光を集めて〉
ソーラークッカー
のしくみ

なべ

かがみ

光

# 虫めがねで日光を集めると どうなるか調べよう

| 本時の目標 | 虫眼鏡を用いて日光を集め，紙を焦がすことができる。 |
| --- | --- |

板書例

## 〔問題〕 虫めがねで日光を集めるとどうなるだろうか

**1** 〈虫めがね〉
・もの（虫・花）を大きくして見る
・日光を集めることができる

レンズ

横から見ると →まん中ふくらんでいる
レンズ
・すき通っている
＝
光が通る

**2** **3** じっけん
日光を集めてみよう⇒明るい〇を小さくしていく

紙と虫めがねを太陽に向けて

紙から虫めがねをはなしていくと

明るい〇がだんだん小さくなって紙がこげる

POINT 人のからだや，自然の生き物など，黒画用紙以外の物に虫眼鏡で集めた日光を当てないように指導しましょう。

## 1 虫眼鏡について話し合い，虫眼鏡で日光を集められることを聞く

T これまで虫眼鏡を使ったことがありますか。どんなときに使いましたか。
C あります。小さな虫が大きく見えました。
T そうです。虫眼鏡を使うと虫や花などの物を大きくして見ることができますね。
T そしてもう1つ，この虫眼鏡を使うと日光を集めることもできるのです。
　虫眼鏡を全員に配布する。
T 虫眼鏡のレンズを見たり触ったりしてください。気がついたことはありませんか。
C ガラスでできていて透き通っています。真ん中が膨らんだ形です。
T レンズは透き通ったガラスでできていて，触ると真ん中が膨らんでいます。横から見ると，このような形をしています。
T 虫眼鏡を使って日光を集めてみましょう。

## 2 虫眼鏡を使った日光の集め方を聞く（教師演示）

T これから虫眼鏡の使い方を見せます。
T まず，日光の当たるところで，黒い画用紙の上に虫眼鏡を置きます。
　画用紙はそのままにして，虫眼鏡を持ち上げると虫眼鏡のかげができます。
　そのかげに，明るい部分ができます。
　その明るい部分は，虫眼鏡を少しずつ画用紙から離すと，だんだん小さくまぶしくなります。
　すると紙が焦げて煙が出ることがあります。日光を集めると紙を焦がすことができるのです。
T かげの明るい部分を見つめすぎないように。また虫眼鏡で絶対に太陽を見てはいけません。目が見えなくなります。
　太陽，紙，虫眼鏡の3つの向きと間隔を調整し紙を焦がすのは3年生には難しい。まずやって見せる。

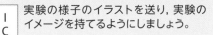

I C T 実験の様子のイラストを送り，実験の
イメージを持てるようにしましょう。

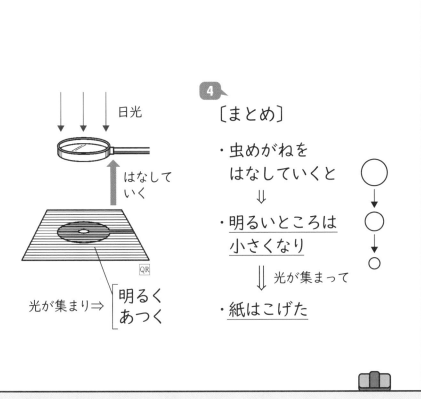

日光

はなして
いく

光が集まり⇒ 〔明るく
あつく

**4** 〔まとめ〕

・虫めがねを
はなしていくと
⇩
・明るいところは
小さくなり
⇩ 光が集まって
・紙はこげた

○
↓
○
↓
○

QR

・動画
「虫めがねで紙をこがす」

・画像

その他多数

（300℃以上の温度になります。）

## 3 虫眼鏡で日光を集めて，紙を 焦がしてみる

T 今から日なたに出て，黒い画用紙と虫眼鏡を使っ
て，うまく紙を焦がすことができるかどうかやって
みましょう。

T 虫眼鏡で紙に集めた光の明るいところを，小さく
できますか。

C 虫眼鏡を紙から離していくと，明るいところがだ
んだん小さくなります。

C 明るいところの形がゆがむときがあります。

C 明るいところが小さくなって煙がでてきた。

　光を小さい点に集めるのが難しい児童も多い。原因とし
て，太陽と虫眼鏡，紙が垂直に正対していないこと，焦点距
離の調整がうまくいかないことなどがある。全員ができるよ
う個別指導も取り入れ援助する。

T 日光を集めて，明るいところが小さくなったとき
の様子を覚えておきましょう。

## 4 実験をふり返る

T 虫眼鏡を使い，うまく紙を焦がすことはできまし
たか。

C 明るいところは，虫眼鏡を紙から離していくとだ
んだん小さくなった。

C 明るいところが小さくなったとき，煙が出て紙が
焦げました。

C 虫眼鏡を離しすぎると，明るいところは反対に大
きくなっていきました。

T 鏡で日光をはね返して明るくなったときは，鏡
を3枚使いました。虫眼鏡は1つでも大変明るく
なり，紙が焦げるほど温度が高くなりました。

T もっと明るく温度を高くするには，どんな方法が
あるでしょうか。

C 大きい虫眼鏡だと，光も多く集まると思う。

T 虫眼鏡を通したとき，どのように日光が集まるの
でしょうか。次の時間に学習しましょう。

# 虫めがねを通った光は
# どのように進むのか調べよう

本時の目標 虫眼鏡を通った光は，1つの点に集まり，たいへん明るく，温度が上がることがわかる。

板書例

〔問題〕 虫めがねを通った日光はどのように進み，明るさやあたたかさはどうなるのだろうか

**1** 〈光の進み方〉
虫めがねと画用紙のようす

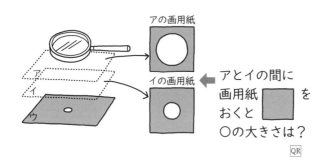

アの画用紙

イの画用紙

アとイの間に
画用紙 □ を
おくと
○の大きさは？
QR

**2** 〈虫めがねを通った光は〉

QR

虫めがねを通った光は
○のところに集まる

※いわゆる光が集まった明るい点（焦点）は
正確には太陽の「像」にあたる。

POINT イラストの矢印が示すように，レンズの大きさによって，集める日光の量が変わることに気づかせ，虫眼鏡の特性を

## 1 虫眼鏡で集めた光の進み方を予想する

　虫眼鏡で光を集めるとき，明るい部分の大きさが変化することに着目して，虫眼鏡を通る光の進み方を予想させる。

T　虫眼鏡で日光を集めると，画用紙に明るい部分ができます。2つの画用紙を見て，紙と虫眼鏡の距離が近い方はどちらでしょうか。

C　虫眼鏡の近くでは明るい部分が大きいと思うので，アの方が虫眼鏡に近い紙だと思います。

T　明るい部分の大きさを，黒い画用紙に白いクレパスで書きました。アとイのどちらが虫眼鏡に近い紙ですか。

C　虫眼鏡に近い方がアで，虫眼鏡から遠くなると明るい部分は小さくなるのでイは遠い方です。

C　虫眼鏡と紙とをはなしていくともっと小さい点になると思います。

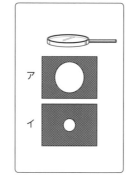

## 2 明るい部分はだんだんと小さくなることがわかる

T　明るい部分の大きさは，アの画用紙からイの画用紙，ウの画用紙の順番に小さくなっていきます。このことから，光はどのように進んだのでしょうか。（板書の図）

C　虫眼鏡を通ると明るい部分が小さくなるので光が集まるように進んだと思います。

T　光が集まることを確かめる方法はないですか。

C　アとイの画用紙の間に画用紙を置いてみると明るい部分の大きさで，光の進み方がわかると思います。

T　そうですね。虫眼鏡を通った光が目に見えるとしたら，どのように進んだかノートに線でかきましょう。黒板にも書きに来てください。

C　明るい小さな○のところに集まるように進んだと思います。

| 準備物 | ・直径のちがう大小の虫眼鏡各1つ<br>・黒い画用紙<br>・白いクレパス | ICT | イラストを使って発火したときの画用紙の位置を考えさせたり，その理由を説明させるのもよいでしょう。 |

## 3 4 〈大きさのちがう虫めがねで光を集めると〉

（小さい虫めがね）　　（大きい虫めがね）

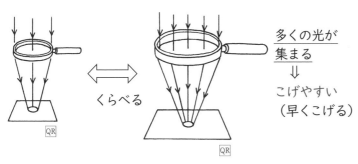

くらべる

多くの光が
集まる
⇩
こげやすい
（早くこげる）

〔まとめ〕
・虫めがねを使うと日光を<u>集めることができる</u>
・<u>虫めがねを通った光は</u>
　１つの○に集まる

正しく理解させるとよいでしょう。

### QR

・動画
「虫めがねで紙をこがす」

・画像

その他多数

## 3 直径の大きな虫眼鏡で光を集めると紙はどうなるかを話し合う

　大きさの違う２つの虫眼鏡を児童に見せる。日光を集めたときの違いを考え，実験で確かめる。

T　これまでよりも大きな虫眼鏡です。<u>この虫眼鏡を使うと日光を集めたとき，どんな違いがあるでしょうか。</u>

C　大きい虫眼鏡の方が小さい方より多くの日光を集めることができると思います。

C　光が集まった丸いところは，小さい虫眼鏡より明るくなると思います。

C　集められる日光が多くなると，小さい虫眼鏡よりも温度が高くなると思います。

T　２つの虫眼鏡を使って，実験をします。みんなが予想したようになるのか，明るさや紙の様子をよく見て確かめましょう。

※次のように，虫めがねに透明な方眼シートやパンチ穴をあけた紙をのせても光が集まる様子が観察できる。

はなすと

## 4 光の集まり方についてまとめる

T　大きな虫眼鏡を使って紙を焦がしたとき，小さな虫眼鏡と比べてどんな違いがありましたか。

C　大きな虫眼鏡の方が，紙が早く焦げ始めた。

T　それはどうしてだと思いますか。

C　大きい虫眼鏡は，<u>虫眼鏡（レンズ）に当たる光も多いので，</u>たくさんの光を集められるからだと思います。光が集まったところもとても明るくなっていました。

T　<u>光の集まり方の違いを図でまとめてみましょう。</u>
（板書参照）

T　大きな虫眼鏡では，小さな虫眼鏡よりたくさんの光を１つの点に集めることができるので，より明るく，温度も高くなり，紙が早く焦げるのですね。

※児童の中には虫眼鏡で紙が焦げるのは「光が集まる」というより「虫眼鏡には光を強くする力がある」と考える子もいる。

# 音を調べよう

全授業時数　5時間＋広げよう2時間

◎ 学習にあたって ◎

● 何を学ぶのか

　『音』は学習指導要領で新しく（再登場ともいえる）示された内容です。小学校でも「音とは何か」その基本的なことがらに触れておくことは大切です。音の正体は，非常に速い振動（ふるえ）です。ですから，音が出ているときにはその物が振動しており，振動が止まると音も止まることに気づかせることが学習の出発点になります。また『音は速い振動だ』ということがとらえられると，大きい音が出ているときは，振動（振幅）も大きいことがわかってきます。そして，糸電話で音が伝わるときは糸もまた振動しており，その振動が伝わって音が聞こえるのだと気づかせます。

● どのように学ぶのか

　3年生なので，音遊び的な要素も取り入れながら，音の早い振動（ふるえ）を目や手で体感させるようにします。児童は音のふるえを『ブルブル』や『ビリビリ』などの『子ども語』でも表現しますが，このような言葉も取り入れながら進めます。また，『音』といえば楽器です。振動がわかりやすい楽器を手作りさせ，それを観察や実験で使うことも，意欲や関心，学習への主体性を高める上で有効です。さらにトライアングルや太鼓など，目や手の感触でも振動がとらえやすい楽器を教材として取り入れ，くらしとつなぎます。

● 留意点・他

　取り上げる教材としては，たて笛やマラカスのような楽器ではなく，音源が弦や皮，金属，リードなど，音の『振動』が目や手でとらえやすい物を選びます。留意点としては，音を物（物質）のようにとらえ，何か『音という物』が伝わってくると考える児童もいるので配慮が必要です。また，音の大きさと振動（振幅）の関係は，目や手でとらえたことも表に整理してもよいでしょう。なお，『振動』という言葉は3年生には難しいので，ここでは『ふるえ』という言葉を使っています。

◎ 評　価 ◎

| 知識および技能 | ・音が出ているときは，その物も震えていることがわかり，大きい音が出ているときは，そのふるえも大きいことがわかる。<br>・音のふるえをとらえるやり方（見る，さわる，物を使って，など）を工夫してできる。<br>・糸電話や簡単な楽器を作ることができる。 |
|---|---|
| 思考力，判断力，表現力等 | ・音と振動とのつながりに気づき，楽器などを使った実験，観察を通して「音が出ているときは，その物がふるえている」という事実をとらえることができる。<br>・目や触れることでとらえた「音のふるえ」を，図や言葉で表現できる。 |
| 主体的に学習に取り組む態度 | ・簡単な楽器や糸電話など，音の振動をとらえたり伝えたりする物を作ることができる。<br>・くらしの中で，音が出ている物はふるえていることを見つけ出すことができる。 |

◎ 指導計画　5時間＋広げよう2時間 ◎

◇「音のふるえ」をとらえる第1時は一部入れ替えて，リード笛を先にしてもよいでしょう。

**【音の伝わり方の実験】…風船を使って**
・音の伝わり方については，風船をつなげて聞こえ方を調べる実験方法もあります。
　また，発展として『空気も音を伝えている』ことに触れてもよいでしょう。

**【音のふるえをとらえる教具】…モノコードや音叉，楽器の活用**
　「音」の学習は，以前にも教科書に出ていた時代があります。当時，音
の振動をとらえる教具としてよく使われていた物に，音叉やモノコード
があります。それらが理科室に残されていれば，活用するとよいでしょう。ギターなどの弦楽器も「振動が
見える」楽器として使えます。

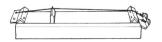

| 次 | 時 | 題 | 目標 | 主な学習活動 |
|---|---|---|---|---|
| 音とふるえ | 1 | 音が出るものを作ってみよう | 輪ゴムのギターを作り，音が出ているときにはゴム（弦）がとても早くふるえていることに気づく。 | ・「音当て」をした後，輪ゴムでギター(琴)を作り，音が出ているときの様子を観察する。<br>・モノコードの弦のふるえを観察する。 |
| | 広げよう1 | ブーブーと鳴るふえを作ってみよう（ものづくり） | リード笛を作り，リード笛は音が出ているとき，リードがとても速くふるえていることがわかる。 | ・リード笛を作る<br>・音が出ているときのリードの様子を観察する。 |
| | 2 | 音のふるえを見つけよう | 音を出す楽器には，音が出ているときにふるえている部分があることに気づく。 | ・トライアングルは，音が出ているときにはふるえているか，予想し確かめる。<br>・太鼓，シンバルなどの音が出ているときに振動している所をさがす。 |
| | 3 | 音の大きさとふるえ方を調べよう | 楽器には，音が出ているときにふるえているところがあり，音が大きいときにふるえる幅が大きいことに気づく。 | ・輪ゴムギターや音叉で，音の大きさを変えたときの振動の様子を調べる。<br>・スピーカーもふるえているかどうかを調べる。 |
| 音の伝わり方 | 4・5 | 音は糸電話の糸をつたわるか調べよう | 音は糸も伝わり，そのとき糸もふるえて（振動して）いることがわかる。 | ・糸電話を作り，トライアングルの音や声が糸を伝わって聞こえることを確かめ，そのときの糸の様子を観察する。<br>・（発展として）長い糸や針金でも確かめる。 |
| | 広げよう2 | 音は木や鉄をつたわるか調べよう<br>※第4・5時（糸電話）と入れ替えてもよい。 | 音は，木や金属などを伝わり，離れたところにも届くことに気づく。 | ・机の天板（木）や階段の手すり，鉄棒などに耳をつけ，その物をたたいたり，音叉を当てたりして音が伝わってくるかを調べる。 |

注）第5時は発展扱いとしてもよいでしょう。

音を調べよう　111

# 音が出るものを作ってみよう

本時の目標：輪ゴムのギターを作り，音が出ているときにはゴム（弦）がとても早くふるえていることに気づく。

板書例

〔問題〕　**音が出るとき，ものはどんなようすだろうか**

**1**　〈何の音かな・・・音あてクイズ〉

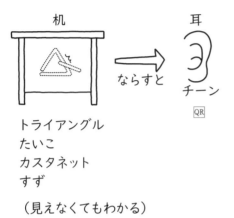

机

ならすと

耳

チーン

QR

トライアングル
たいこ
カスタネット
すず

（見えなくてもわかる）

**2**　〈わゴムの音とふるえるようす〉

（わゴムをはじくと）
↓
わゴムは　「ビーン」
　　　　　「ブルブル」
　　　　　「ビリビリ」」とふるえて

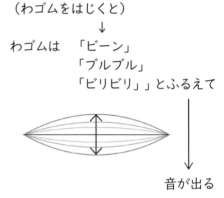

音が出る

(POINT) 金属やプラスチック製の入れもののように，固い容器を使うと比較的音が聞こえやすく，振動の様子も観察しやすい

## 1 何の音か，何から出ている音かを当てる

はじめに「音あて」をする。楽器は隠す。

T　これから先生が，机の下であるものの音を出します。何の音なのか当ててください。

教卓の下で鳴らす。『チーン』

C　わかった。トライアングル。音でわかるよ。

T　そうかな。では，見せましょう。

C　トライアングルだ。見えなくてもわかる。

他にもカスタネットや太鼓など，楽器で「音あて」をする。長引かないよう留意する。

T　次の音は何の音でしょうか。

C　わかった。簡単。太鼓です。

T　見えてないのにどうしてわかったのですか。

C　ポンポンと，太鼓の音が聞こえたからです。

T　はい，太鼓でした。音は机の下からでもみんなの耳に伝わってくるのですね。これから，この『音』のことを勉強していきましょう。

## 2 輪ゴムを箱にはめて，音の出るものを作る

T　では，この輪ゴムだけを使って，音の出るものを作れないでしょうか。考えてみてください。

輪ゴムを配り短時間，音を出せるよう色々試させる。児童どうしでやり方を教え合う。

C　指ではじいたら，ビーンってなったよ。

C　はしを口でくわえてはじいたら，音が出るね。

C　となりの人に輪ゴムを持ってもらってはじいたら，音が出せたよ。

T　輪ゴムをどのようにすると，音が出せましたか。やって見せてください。

C　口でくわえて，ゴムをはじくと大きい音が出ました。（やって見せる）

T　輪ゴムをはじくと音が出せたということですね。では，鳴らしやすいようにティッシュなどの箱に輪ゴムと鉛筆を取り付けて鳴らしてみましょう。

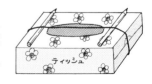

| 準備物 | ・太鼓や鈴, カスタネットなど楽器<br>・空き箱 (ティッシュなど)　・輪ゴム<br>・モノコードまたはギター　　・長いゴム | ICT | 手作りの教材を作るときに, 完成イメージをもてるよう, 教材の写真を送りましょう。 |
|---|---|---|---|

**3** 〈音とふるえるようす〉

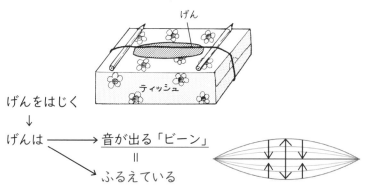

げん

ティッシュ

げんをはじく
↓
げんは ──→ 音が出る「ビーン」
　　　　　　　＝
　　　　　↘ ふるえている

〔まとめ〕
音が出ているときは, ゴムやげんがふるえている
（とまると）……………………………（ふるえていない）

QR

・画像

その他多数

です。

**3** 輪ゴムから音が出ているとき, 輪ゴムはどうなっているだろうか。

T　音は, どこから出ていますか。

C　ティッシュの箱の上の輪ゴムです。音は大きくなったみたいです。

T　では, 音が出ているとき, 輪ゴムはどうなっていますか。輪ゴムの様子を観察しましょう。

しばらく子どもどうし, 観察させる。

T　見つけたことを発表しましょう。

C　輪ゴムがビーンとふるえていて, さわるとビリビリしていました。

C　音が出ているとき, 輪ゴムにさわるとビリビリも止まって, 音もすぐ止まりました。

C　ティッシュの箱の上の音が変わりました。

C　音が出ているとき輪ゴムはこんなふうです。

数人, 黒板に絵を描かせる。

T　長いゴムでふるえる様子を見てみましょう。

C　ゴムが上下に速く動いているみたい。

**4** 【広げよう】モノコードでも音のビリビリを確かめる〈まとめ〉

T　これは『モノコード』という道具です。これは弦といいます。これをはじいて音を出します。音が出ているときの様子を調べましょう。

各グループに配布。弦はふつうピアノ線を使っている。

C　鉛筆を乗せると, ふるえているのがわかったよ。

C　強くはじいたら音も大きくなった。

C　大きい音のときは, ふるえの幅も大きい。

C　さわるとビリビリも音も止まる。音のもとはビリビリなのかな。

T　モノコードでも, 音が出ているときは, 弦がビリビリふるえましたね。ビリビリを止めると音も止まりましたね。弦をはじいて音を出す。こんな楽器を知りませんか。（ギター, 三味線など）

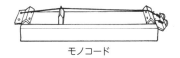

モノコード

今日見つけたことを書かせて, 発表させる。

# ブーブーと鳴るふえを作ってみよう（ものづくり）

板書例

## ブーブーと鳴るリードぶえを作ってみよう

〔問題〕　リードぶえはどのようにして
　　　　音が出ているのだろうか

**1** ブーブーふうせんの音のもとは？

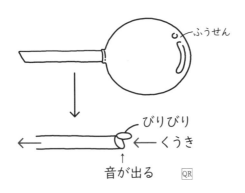

ふうせん

びりびり
くうき
音が出る QR

**2** 紙をまいて

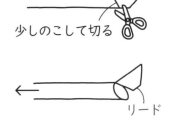

少しのこして切る

リード

## 1 ブーブーと鳴る笛の音は，何から出ているのかを話し合う

　風船のついたおもちゃの笛を見せる。

T　こんなおもちゃを知っていますか。風船を膨らませて手を離すと…どうなるかな。

C　あ，ブーっと鳴った。おもしろい。

T　さて，音はどこから出ているのでしょうか。

C　風船がしぼむときに音が出るから，風船。

C　普通の風船なら，しぼんでも音は出ないよ。

C　風船をつけてある，ストローのような筒から音が出ているのかもしれません。

T　風船をはずしてみましょう。

C　あ，筒の先に，何かついている。

T　風船のかわりに，先生がここをくわえて吹いてみましょう。

C　あ，鳴った。風船のときと同じ音だ。

T　音は，筒から出ているようです。

## 2 ブーブーと鳴る笛（リード笛）を作る

T　今度は，吹くかわりに反対側を吸ってみましょう。音は出るかな。よく見ていてくださいね。

C　あ，先の方の何かがビリビリ動いています。

T　音が出ているところがわかりましたか。

C　筒の先についている薄いものです。それがビリビリふるえています。音はそこから出ています。

T　音の出ている薄いものをリードといいます。では，この笛をみんなで作りましょう。

【作り方】QR

①正方形の紙を丸鉛筆に巻き付け，セロハンテープでとめて筒を作る。

②できた斜めの線に沿って切り込みを入れる。端を3ミリぐらい残す。切る向きを間違えない。

3mmぐらい残す
切る

③切った部分を広げて切り口より，少し大きめにして口の形に合わせて切る。この部分がリードになる。

10cmぐらい
セロハンテープで止める
切る
リードの形を整える

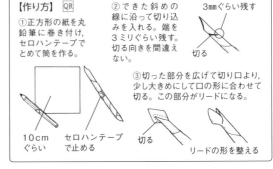

| 準備物 | ・おもちゃの風船の笛（または笛を作る）<br>・10cm四方の紙　・セロハンテープ<br>・はさみ　・予備のリード笛 | ICT | 手作りの教材を作るときに，完成イメージをもてるよう，教材の写真を送りましょう。 |

**QR**

・動画
「紙のリード笛（振動）」

・画像

その他

3 リードぶえをならしたとき

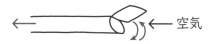
←――――――――― ← 空気

すうと → リードがビリビリとはやくふるえて
　　　　　　　↓
　　　　音が出る「ブーッ」

4

〔まとめ〕
リードぶえが鳴っているときは，
リードはすごいはやさでふるえている

---

## 3 音が出ているときのリードの様子を観察し，話し合う

T　笛ができた人は，吸って音が出るか確かめましょう。先生に見せに来て鳴ったら合格です。

　切り方は難しいので，できた児童は先生役として教えに回らせ教え合いを促す。どうしても鳴らない子のために，予備をいくつか準備する。全員鳴ったことを確認する。

T　笛を鳴らして音が出ているとき，見つけたことをノートに書いて，発表しましょう。

C　反対側を吸うと，音が出るんだね。

C　リードはすごく速くふるえているね。

C　吸うのをやめると，リードも止まって音も出なくなるよ。

C　音が出ているときは，リードもすごく速く動いていました。

　音と振動（ふるえ）とは，つながりがあることを板書でまとめる。

## 4 リードの動きを確かめ，リードを使った楽器を紹介してまとめる

T　風船の笛も，リードがふるえて音が出ていたのですね。リードはどのように動きましたか。

C　すごい速さでパタパタと動きました。

T　このリードを使って音を出す楽器があります。ハーモニカです。中を開けると，ここに薄い金属のリードが並んでいます。吹いたときにこれがふるえるのです。

　前に集めて吹いて見せる。リードの振動は見えにくい。

T　今日したこと，見つけたことを書きましょう。

【振動をとらえさせる教材・ものづくり】
音の学習では，ただ音が出るというだけでなく，音の正体である振動が目で見えたり，手などで感じ取れたりするものを取り上げる。

【紙を鳴らす】時間に応じて…
吹くと，ビーッと音が鳴り，唇にも紙の振動が伝わってくる。ただ，指で紙を強くはさまないなど，吹くコツがあり，難しい児童もいる。

あなをあけておく

# 音のふるえを見つけよう

音を出す楽器には, 音が出ているときにふるえている部分があることに気づく。

**板書例**

## 〔問題〕 音の出るものは, どれもふるえているのだろうか

**1** 問題1

トライアングルを鳴らしたとき, トライアングル（てつ）は, ふるえているか

じっけん1

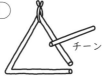

チーン

トライアングルは, ふるえていた
（てつ）

　手で…ビリビリ
　目で…ビーン

**2** 問題2

ほかのがっき（大だいこ・シンバル・ピアノ）を鳴らしたときも がっきはふるえているのだろうか

じっけん2

・大だいこを
　ドーンとたたく

ビリビリ
ブルブル

かわがふるえていた

**POINT** 音楽室にある楽器を触って, 震えを確認したり, 動画教材を見て震える様子を確認するとよいでしょう。

---

## 1 音が出ているとき, トライアングルはふるえているかを予想し, 確かめる

T　トライアングルです。何でできていますか。

C　鉄です。かたくてたたくとチーンと鳴るよ。

T　トライアングルは, かたい金属でできていますが, 音が出ているときには, トライアングルはビリビリふるえているでしょうか。それともふるえていないでしょうか。

C　鉄はかたいので, ふるえないと思います。

C　モノコードの弦もリードも, 音が出ているときはふるえていたから, トライアングルもふるえていると思います。

　そう考えた理由, 根拠も添えて話し合わせる。トライアングルを配布。

T　鳴らしてみましょう。ふるえていますか。

C　手で触ると, ビリビリしてふるえています。

C　目で見ても, ビーンってふるえているよ。

## 2 音のふるえ（ビリビリ）をさがす（大太鼓など）

T　他の楽器でも, 音が出ているときはふるえているのでしょうか。音のビリビリを見つけてみましょう。

　振動をとらえやすい大太鼓やシンバルなどに限るとよい。たて笛など振動部分がわかりにくい楽器はかえって混乱させる。楽器は教室に持ち込んでも音楽室などへ行って確かめてもよい。

T　太鼓をたたいて音が出ているとき, ビリビリふるえているのでしょうか。ふるえているとすればどこがふるえていますか。

C　太鼓が鳴っているときは皮がふるえている。

C　皮のブルブルを止めると, 音も止まるね。

T　大太鼓を強くたたいたときは, 音も大きくなったね。皮のふるえ方はどうでしたか。

C　音が大きいときは皮が大きくブルブルふるえていて, 触ると手もビリビリしました。

| 準備物 | ・楽器いくつか<br>（トライアングル，シンバル，太鼓など） | I<br>C<br>T | 使用する楽器の写真を提示し，どこが<br>震えるのか考えさせるとよいでしょう。 |
|---|---|---|---|

**QR**

・画像

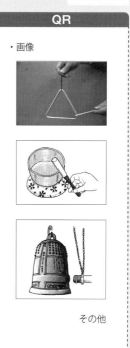

その他

**3**

（じっけん 3）

・シンバルを
　ジャーンとならす

ビリビリ

シンバルがふるえていた
（円ばん）

（じっけん 4）

・ピアノ
　けんばんをたたく

中のせんがふるえている

〔まとめ〕
音の出るものは，
どれも<u>ふるえている</u>（ところがある）

---

**3　シンバルやピアノなどの，ふるえている
　　ところを見つけ，観察する**

T　シンバルではどうですか。<u>音が出ているときは，
　どこがふるえていましたか。</u>

C　シンバルもジャーンと鳴っているときは，<u>円盤が</u>
　ビリビリふるえていました。

C　さわるとビリビリも音も止まりました。

T　では，<u>ピアノも音を鳴らしたとき，どこかがふる
　えているのでしょうか。</u>（音源に注目）

C　ピアノの中に音が出るところがあると思う。

T　ピアノの中を見てみましょう。

　　グランドピアノのふたを開けると中が見えて，ハンマーが
　ピアノ線を打っている様子がわかる。安全に注意して触らせ
　ないようにする。

C　このばねみたいなのがたたかれたとき，ふるえて
　音が出るんだね。

T　この時間にしたことや見つけたことをノートに書
　きましょう。

**4　【広げよう】音のビリビリ，ブルブルを
　　探す**

　　児童への『発展課題』として『音のふるえ（ビリビリ・ブ
ルブル）探し』を呼びかける。<u>くらしの中の音を『ふるえ』
としてみつけ，見直させるのがねらい。</u>児童は，いろんな振
動の例を見つけ，<u>学びを深める活動
になる。</u>児童が身
の回りで見つけて
くる物には次のよ
うなものが考えら
れる。

C　お仏壇のかね（りん）を鳴らし
　たとき，手で触るとビリビリして，
　音も止まりました。

C　15cmの物差しを机の端に置
　いて，押さえてはじくと，ふるえてビーンと鳴りま
　した。

C　ギターの弦をはじくと，いい音がして弦がふるえ
　ていました。

C　お寺の鐘も，鳴らすとふるえるのかな？

# 音の大きさとふるえ方を調べよう

<table>
<tr><td rowspan="2">本時の目標</td><td>楽器には，音が出ているときにふるえているところがあり，音が大きいときにふるえる幅が大きいことに気づく。</td></tr>
</table>

板書例

〔問題〕　音が大きいときと小さいときで
　　　　　もののふるえ方はちがうのだろうか

**1** 〈わゴムギター〉

げんのはじき方をかえると

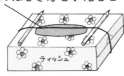

ティッシュ

弱くはじくと　　強くはじくと
　↓　　　　　　　↓
<u>小さいふるえ</u>　<u>大きいふるえ</u>
　↓　　　　　　　↓
小さい音　小　　大きい音　大

**2** 〈おんさ〉

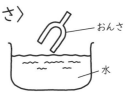

おんさ

水

たたくとふるえる
小さい音 → ふるえが小さく，
　　　　　　水しぶきも少ない
大きい音 → ふるえが大きく，
　　　　　　水しぶきも多い

(POINT) 音叉を叩く強さによっては，水が激しく飛び散るので，周辺機器等に注意しましょう。

## 1 輪ゴムギターで，音の大きさとふるえの大きさを比べる

T　音が大きいときはふるえも大きいのか，輪ゴムギターを使って確かめましょう。

T　小さい音を鳴らしたときと，大きい音を鳴らしたときの弦のふるえの様子に違いはあるのか，観察しましょう。

C　弦のはじき方を変えると，音の大きさも変わるね。弱くはじくと小さい音になるんだね。

C　弱くはじいて，小さい音が出ているときは，ふるえも小さい。

C　ふるえているとき弦に鉛筆をのせると，大きい音のときは鉛筆も大きくビンビンはねたよ。

C　強くはじくと音も大きく，弦のふるえ方も大きくなるよ。

T　折った紙切れを弦にのせてもわかるよ。

T　<u>大きい音が出ているときと，小さい音のときの弦の様子の違いを絵に描いてみましょう。</u>

## 2 音叉もふるえているのかを確かめ，大きい音と小さい音のふるえを比べる

T　これは，音叉（おんさ）という音を調べる道具です。たたいて音を出してみましょう。<u>この音叉も金属でできていますが，音が出ているときはふるえているのでしょうか。</u>

C　トライアングルと同じで，音叉もふるえると思う。

T　確かめてみましょう。

C　さわるとビリビリする。ふるえています。

T　では，音が出ている音叉の先を水槽の水につけると，どんなことがおこるでしょうか。

C　水もビリビリふるえて波が起こると思う。

T　やってみましょう。鳴らして水につけます。大きい音のときの様子も観察しましょう。

C　<u>水が飛んだ。音叉もふるえている。音が大きいときはよくふるえて，水もよく飛ぶ。</u>

見えにくい振動を視覚化する実験。

| 準備物 | ・音叉　　　　　・水槽<br>・輪ゴムギター　・大太鼓<br>・スピーカー（カバーが外せるもの） | ICT | 音さやスピーカーの写真を提示し, どの部分が震えているのか予想させるとよいでしょう。 |  |
|---|---|---|---|---|

**3**

〈スピーカー〉

　円い紙…コーンがふるえて音が出ている
　<u>大きい音</u> → <u>大きいふるえ</u>

〔まとめ〕

　音が<u>大きい</u>ときは，ふるえも<u>大きい</u>

　音が<u>小さい</u>ときは，ふるえも<u>小さい</u>

**QR**

・動画
　「音叉のふるえ（振動）」

・画像

その他

---

**3**　【深めよう】スピーカーにも，ふるえているところがある（観察）

T　音が出るものにスピーカーもあります。やっぱり，<u>どこかがふるえている</u>のでしょうか。

C　ふるえていると思う。ふるえないと音が出ないから。

T　では，カバーを外して中を開けると…，円い紙が見えます。音を鳴らしてみましょう。

C　あ，<u>円い紙がブルブルふるえている</u>。やっぱりふるえて音が出ているね。（円い紙がコーン）

T　まとめてみましょう。スピーカーから音が出ているとき，円い紙がふるえていましたね。ふるえと音の大きさについてはどうでしたか。

C　<u>大きい音が出ているときは，円い紙（コーン）も大きくふるえていました</u>。

T　今日見たこと，したことをノートに書いて発表しましょう。（まとめ）

**【参考】音の大きさと振動の大きさを調べる実験**

太鼓を横にして，豆などを乗せ，<u>下から強弱をつけてたたいてもわかりやすい</u>。付箋を貼ってもよい。

板書例

〔問題〕　音がつたわるとき，音をつたえるものは
　　　　　ふるえているのだろうか

**1** 問題

糸電話で，トライアングルの
音は聞こえるのだろうか

じっけん

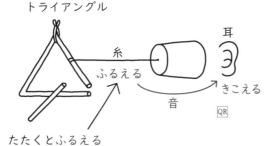

トライアングル

糸
ふるえる

耳

たたくとふるえる

音

きこえる

QR

**2** けっか

トライアングルをたたく
（チーン）
⇩
トライアングルのふるえ
⇩
糸のふるえ　（つまむとまる）
⇩
紙コップ
⇩
音が耳にとどく
（チーン）

POINT　タブレットでトライアングルに貼った付箋が震える様子を撮影させ，その様子を確認するのもよいでしょう。

## 1 紙コップと糸で，音を伝えるものを作る

T　糸も音を伝えるでしょうか。

T　紙コップと糸を使って，糸電話を作り，音（声）が伝わるか試してみましょう。

　　完成品を見せて，材料を配布する。

【糸電話の作り方】
・材料：紙コップ，糸1m（たこ糸か測量糸），2〜3cmのストロー
①千枚通しやキリで紙コップの底に穴をあける。
②コップの外から穴に糸を通し，2，3cmに切ったストローに通して結び留める。これで糸は抜けないし，外れない。

T　できた糸電話の糸の端をトライアングルに結びつけましょう。そして，紙コップを耳に当てて，音が聞こえるか，試しましょう。

　　トライアングルのかわりにスプーンや音叉を使うのもよい。

## 2 音が出ているとき，つないだ糸がどうなっているかを観察して確かめる

T　聞こえましたか。

C　トライアングルの音がすごくよく聞こえます。

T　音が出ているとき，糸はどうなっているかな。糸の様子も観察しましょう。

C　糸がブルブルふるえているよ。

C　糸をつまむと聞こえなくなるよ。

　　グループで観察し，見つけたことを発表する。

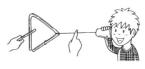

C　音が出ているときは，トライアングルがふるえて，糸もビリビリふるえているのが見えました。

C　糸をつまむとふるえが止まって，音が聞こえなくなりました。

T　「糸に音が伝わった」ということは「糸にふるえが伝わった」ということですね。

　　板書で，音＝ふるえが糸を伝わっていたことを整理する。モノコードや太鼓などに糸を付けて試させてもよい。糸に小さな付箋を貼ってもよい。

| 準備物 | ・糸電話の材料　　・細い針金<br>・トライアングル<br>・糸を付ける物（音叉，スプーンなど） |
| --- | --- |

**3**
**4**

（問題）

電話で音がつたわるとき，
糸はふるえているだろうか

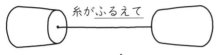
糸がふるえて

もしもし　⇄　もしもし

ふるえも遠くへつたわる
はり金でもつたわる

**4**

〔まとめ〕
・糸電話の㊟は音をつたえている
・音がつたわるとき音をつたえている㊟（もの）は
　ふるえている

## 3　糸電話で，友だちと話してみる

T　この糸電話を2つつなぐと（つないで見せる），2人
　で話ができるようになります。

　　糸を継ぎ足させて，教室や廊下で糸電話遊びをさせる。糸
　の継ぎ足しは，結んでも
　よいしクリップを使って　　　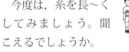
　もよい。　　　　　　　　　　　クリップ

C　おはよう。
C　おはよう。よく聞こ
　えた。
C　糸をつまむと聞こえ
　ない。

T　友達の声が聞こえたかな。家でもやってみましょう。

　　3人，4人と増やしてもよい。

T　聞こえないときはありましたか。それはどんなと
　きですか。

C　糸を指でつまむと聞こえません。音（ふるえ）が
　そこで止まるみたいです。

C　糸がたるんでいたときも聞こえなかったよ。

## 4　【深めよう】長い糸の糸電話・針金の糸電話で音を伝えてみる

T　糸を長くした糸電話でも聞こえるでしょうか。

C　聞こえると思います。たぶん…。

T　やってみましょう。

T　今度は，糸を長〜く
　してみましょう。聞　　　　
　こえるでしょうか。

C　どうかなあ。届くかな。

C　たぶん，聞こえると思います。

　　グループごとに体育館や運動場で試す。

T　糸のかわりに，この細い針金を使っても声は伝わ
　るでしょうか。やってみましょう。

　　針金の代わりに，0.3〜0.4mmくらいのエナメル線でもよい。

C　よく聞こえました。

T　今日したこと，見たこと，見つけたことをノート
　に書きましょう。（まとめ）

　　書かせて発表。音の伝わりと糸のふるえがとらえられてい
　るとよい。

# 音は木や鉄をつたわるか調べよう

※第4・5時（糸電話）と入れ替えてもよい。

板書例

〔問題〕 音は木やてつをつたわるのだろうか

1
2 問題1
音は木をつたわるか
（おんさの音は聞こえるか）

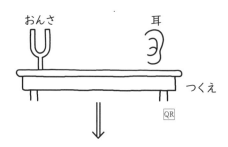

おんさ　耳　つくえ

音はつくえ（木）をつたわる→耳へ
オルゴールの音も木をつたわる

3 問題2
音はてつをつたわるか

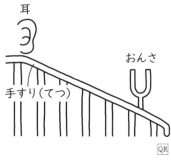

耳　手すり（てつ）　おんさ

音はてつをつたわる

POINT プールやお風呂など，水中で人と会話することが難しいことを例に挙げ，空気と水による音の伝えやすさを比べ

## 1 音叉の音は机（の木）を伝わるかを調べる

T これは音叉です。たたくと音が出ました。そのとき，音叉はどうなっていましたか。

C （ビリビリ）ふるえていました。

T 音叉の音は机（天板）を伝わるでしょうか。

T 耳を机につけて，たたいた音叉を机に当てると音叉の音は聞こえるでしょうか。

予想が難しい場合は，すぐ実験，観察に移る。2人組，またはグループごとに音叉を配る。

T 机に耳を当てましょう。音叉をたたいて机に当てると，音叉の音は聞こえるでしょうか。

C すごくよく聞こえるよ。

C 音が机を伝わってきたのかな。

C 鉛筆で机をトントンした音も聞こえました。

T 机は木でできています。音叉の音は木を伝わってきたということですね。

## 2 オルゴールの音は机（の木）を伝わるかを調べる

T これは，オルゴールの中の機械です。これがオルゴールの音楽を鳴らしているのです。

C このピンをはじいて音が出ているんだね。

C （木の）箱が無いと，音が小さいね。

T 鳴っているオルゴールの機械を机に当てて，音が伝わるか確かめましょう。

C あ，聞こえています。大きい音。

C 音が机（木）を伝わってきている。

T 教室の（鉄の）ロッカーや黒板など，教室にあるものにも耳を当て，離れたところに鳴っているオルゴールを当てましょう。聞こえるかな。

C 聞こえます。とても大きくよく聞こえます。

T オルゴールは普通木の箱に入っていますね。オルゴールの音は，箱の木にも伝わって（箱も振動して）より大きい音になって聞こえるのです。

**4**

〔まとめ〕
音は木やてつをつたわる　→　耳へ（こまく）
　　　　　⇩
木やてつは音をつたえる　→　耳へ（こまく）

〈したこと・みつけたこと〉
・てつぼう（鉄）に耳をあてると，よく聞こえた

※ここに児童のしたこと・見つけたことを板書する。

その他

させるのもよいでしょう。

## 3　長い（階段などの）鉄の手すりや，鉄棒で音の伝わり方を調べる

T　もっと離れたところでも，音はものを伝わるのでしょうか。

T　階段に手すりがありますが，鉄でできています。1階の手すりに鳴っているオルゴールや音叉をくっつけます。2階や3階の手すりに耳を付けると音は聞こえてくるか，予想しましょう。

C　聞こえると思います。机の木でも黒板でも，音は伝わってきて聞こえたからです。

C　聞こえないと思います。手すりは机や黒板よりうんと長いからです。

　　教室を出て階段の手すりで実験する。

T　実験で確かめます。鳴らしてつけますよ。聞こえたら手をあげてください。（交代で行う）

C　あ，聞こえる。3階まで音が伝わってきた。

　　音は，空気中よりも固体や液体を通した方が速く（よく）伝わる。

## 4　音が耳に聞こえるのは，何かが音を伝えている＜まとめ＞

T　オルゴールや，音叉を使って実験しました。『どんな実験をして，どうなったか』をノートに書きましょう。思ったことも書きましょう。

　　3年生では，『わかったこと』よりも，まず事実を書かせる。結果や考察を的確に書くのは，難しいところがある。

C　鉄棒はかたい鉄でできているのに，音叉を鳴らして当てると音叉の音がよく聞こえた。

C　木や鉄でも音が伝わりました。

　　ホースの中を水が流れるようなイメージで，音の伝わり方を考えている児童もいるので留意。
　　鉄棒や机ではなく『鉄』『木』といった物質名で言う言い方にも慣れさせる。

T　では，ふだん私たちの耳に遠くの音や声が聞こえてくるのは，何が音を伝えているのでしょうか。

C　空気だ。空気が音を伝えるのかもしれない。

# ものとその重さ

全授業時数　学習準備1時間＋5時間

## ◎ 学習にあたって ◎

### ◉ 何を学ぶのか

「物とは何か?」と問われた場合,「物とは,一定の空間を占め（体積をもち）,重さ（質量）をもつもの」といえるでしょう。それは,物でない音や光と比べると,よりはっきりします。つまり,体積と重さをもつことは,『物』であることの基本です。ここでは,その物と重さについて,『物の重さは,物の出入りがない限り,置き方を変えても,形を変えても,分割しても…変わらない。』という重さの保存性を中心に学びます。これは,物質の基礎概念のひとつであり,今後も『ものの溶け方』など,重さが関わってくる学習の土台となる見方,考え方です。

そして,もう一つ,『鉄は重い,木は軽い』のように,『物の種類が違うと,重さも違う』ということも取り上げます。ただ,このときの『重さ』は,重さ（質量）というよりかは『物の密度』の考え方といえるでしょう。ですから,教科書でも学習内容を分けて取り上げているように,児童が混乱しないよう,配慮してすすめることが必要です。

### ◉ どのように学ぶのか

3年生の物と重さのとらえ方には,まだ『体感を通して…』というところがあります。ですから,手で重さを感じない『雨つぶや,ゴマ1つぶには重さはない』と考えたり,『紙やアルミ箔を固く丸めると,重くなる』などと思ったりしている場合もあります。このように,重要な学習内容ですが,3年生にはまだ難しい面もあります。そして,このような感覚的なとらえを乗り越えるには,課題を提示し『予想⇒話し合い⇒実験（検証）⇒考察』といった授業パターンで,論理的にすすめることが有効でしょう。特に『予想』と『話し合い』に時間をかけることが大切です。ここが,思考を通して理解が深まるところだからです。『課題⇒すぐに実験』とはならないようにします。そして,『どの予想が正しいかは,実験が教えてくれる』というように,予想は,実験という事実で検証されることにも気づかせます。

### ◉ 留意点・他

使う秤（はかり）には台ばかりや電子天秤などがありますが,上皿天秤は,物の重い軽いが,うでの傾きで感覚的にとらえられるよさがあります。また,同体積の金属や木などの教具もそろえておき,手でも持たせるとよいでしょう。

## ◎ 評 価 ◎

| 知識および技能 | ・物には物の量を表す重さがあり,その重さは,台ばかりや電子天秤などのはかりを使って計れることがわかる。<br>・物の重さは,物の出入りがない限り,置き方や形を変えても,また小さく分けても変わらないことがわかる。<br>・同じ体積でも,ものの種類が違うと,重さも異なることがわかる。 |
| --- | --- |
| 思考力,判断力,表現力等 | ・課題に対して予想を立て,そう考えた理由とともに,自分の考えを書いたり発言したりすることができる。 |
| 主体的に学習に取り組む態度 | ・話し合いを通して,友だちの考えを取り入れたり,わかろうとしたりしている。 |

※「補充・発展」について
　◇ 目標，ねらいは異なりますが，「重さ」は算数科とも重なる学習領域です。算数科でも重さの単位や物の重さの量り方，目盛りの読み方などを学習していることがあります。
　◇ 第 5 時の後のページに重さの単位を知り，身の回りの物の重さを量るという学習活動を，「資料」として載せています。

| 次 | 時 | 題 | 目標 | 主な学習活動 |
|---|---|---|---|---|
| 物の量と重さ | 学習準備 | どちらが多い（たくさんある）か調べよう | 物の量は，同じ物（同質の物）であるときは，その重さを量ることによって確かめられることがわかる。 | ・2 つの粘土，どちらが多いか確かめるには，重さを量ればよいことを話し合う。<br>・電子天秤や台ばかりなどで重さを量る。<br>・2 つの袋に入った釘の本数（または 1 円玉の枚数）は，どちらが多いかを調べるには？<br>・重さの単位（g・kg）を知り，書く練習をする。<br>・どんな秤があるのかを話し合い，電子ばかり，台ばかり，上皿天秤，バネばかりなど，およその使い方を知り，身の回りの物の重さを量って記録する。 |
| 物の置き方や形と重さ | 1 | ものはおき方をかえると，重さがかわるのか調べよう | 物の重さは，その物を減らしたりつけ足したりしていなければ，置き方を変えても変わらないことがわかる。 | ・木片やつみ木の置き方を変える（立てる，積み上げる）と，重さはどうなるかを話し合い，実験で確かめる。 |
| | 2 | ねん土の形をかえると，重さがかわるのか調べよう | 物は，減らしたり増やしたりしない限り，形を変えても小さく分けても，その重さは変わらないことがわかる。 | ・粘土玉を平たくのばすと，その重さはどうなるかを話し合い，実験で確かめる。<br>・粘土玉を小さなだんごに分けると，その重さはどうなるかを話し合い，実験で確かめる。 |
| | 3 | ものの形をかえると，重さがかわるのか調べよう（アルミ箔・砂糖） | 物は，物の出入りがない限り，形を変えても小さくくだいても，その重さは変わらないことがわかる。 | ・アルミ箔を丸めたり，角砂糖を砕いたりすると，重さはどうなるかを予想し，確かめる。 |
| 物の種類と重さ | 4 | もののしゅるいがちがうと，見た目の大きさは同じでも重さはちがうのか調べよう | 木と鉄など，物の種類が違うと，同じ体積でも重さは異なることがわかる。 | ・木と鉄の，重さの比べ方について話し合う。<br>・同じ形で同じ体積の，金属や木などの重さを手や秤で量って比べる。 |
| | 5 | 体積は同じでも，ものによって重さがちがうのか調べよう（しおと砂糖） | 食塩と砂糖のように，物の種類が異なるとき，その物の重さを比べるには，体積を同じにして比べなければならないことがわかる。 | ・『食塩と砂糖では，どちらが重いか』を調べる方法を考え，体積を同じにしなければならないことを話し合う。<br>・食塩と砂糖を同体積ずつ量りとり，重さを量って，食塩は重いものということを確かめ合う。 |

## どちらが多い（たくさんある）か調べよう

本時の目標：物の量は，同じ物（同質の物）であるときは，その重さを量ることによって確かめられることがわかる。

板書例

〔問題〕 **重さをはかると，どんなことがわかるのだろうか**

問題1 2つのねん土玉は，どちらが多い（たくさんある）かを調べよう

1　●　■ ― 見た目ではわからない

〈重さをくらべる〉 ― 手に持ってくらべる … よくわからない

2　→ はかり で重さをはかる

同じ重さ ＝ 同じ量

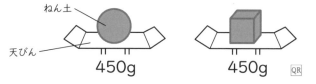

ねん土
天びん
450g　　　450g

POINT　色々なはかりの写真を提示し，それぞれの使い方を簡単に説明することで，目的にあった器具を選択できるよう指導

### 1　2つの粘土は，どちらが多いのかを予想し，確かめる方法を話し合う

丸いものと四角〈立方体〉の粘土のかたまりを手に持って見せ，課題を提示する。

T　2つの粘土があります。どちらの粘土の方がたくさんあるでしょうか。

C　丸い方かな。固まっていそうだから・・・

C　四角い方が大きく見えます。

T　では，問題です。どちらの粘土が多いのか，確かめるにはどうすればよいでしょうか？　その方法を考えましょう。

ここで短い時間をとり，ノートに書かせたり，グループで話し合わせたりする。

T　調べ方を思いつきましたか。発表しましょう。

C　ものさしを使って，大きさを測るといいと思います。

C　手に持って，重さを比べたらわかると思う。

重さに着目したことをほめ，評価する。

### 2　みんなの考えを出し合い，はかりを使って重さを調べ，粘土の量を確かめる

T　まずは重さを手に持って比べてみましょう。

各グループから1人ずつ持たせて比べさせる。

C　四角の方が大きく見えるし重そう…。

C　丸い方が粘土も固まっていて重そうだよ。

C　丸か四角か，どちらかわかりにくいな。

まずは手の感覚で重さを感じさせ，手では微妙な重さの違いはとらえきれないことを話し合う。

T　重さを正確に知る方法はありませんか。

C　はかりを使うといいです。家でも料理のときに使っています。

T　（電子天秤を出して見せ）

これですね。これで量ってみましょう。丸い方は450g…，四角い方は450gです。

C　どちらも同じだ。粘土の量は同じだった。

T　手に持ったとき，重さの感じ方は人によって変わったけれど，はかりで量ると答えは決まりますね。

**QR**

・画像

**3** 問題2

ア, イ　どちらのくぎの
本数が多いか調べよう

ア 　イ

△　数える　→　たいへん

○　重さをはかる
　ア（320g）＞　イ（300g）
　　多い　　　　少ない

**4**

［いろいろな はかり］
＝
（ものの重さがわかる）

・台ばかり

・ばねばかり
（ばねののび方で）

・上ざら天びん
（おもりとつり合わせて）

デジタルはかり　デジタルばかりを見せる。

上皿てんびん　上皿てんびんを見せる。

さおばかり　さおばかりを見せる。

その他多数

**4** ［まとめ］
重さをはかると，ものの多い，少ない，
また同じかどうかがわかる

するとよいでしょう。

## 3 釘の本数（または1円玉の枚数）の多い少ないを調べ，まとめる

T　アとイのふくろに同じ釘が入っています。どちらの本数が多いか知る方法はありませんか。

C　数えたらいいけど…大変だ。

C　重さを量る。重い方が本数も多いはず…。

T　重さを量ると，本数の多い少ないが本当にわかるのでしょうか。重さを量ってみましょう。アのふくろは320g，イのふくろ300gでした。みんなで確かめてみましょう。

　代表者が2人出て，運動会の「玉入れ」方式で，みんなで釘の本数を数える。

C　やっぱり，アの方が多かったね。

　重さを量ることで，量の多い少ないを見極めるには，釘の他に，1円玉の枚数を重さによって知る方法もある。（1円玉は1枚1gのためわかりやすい）

　このあと，重さの単位「g」と「kg」が算数科で未習の場合は，教える。

## 4 他のはかりでも，重さを量ってみる（バネばかり・台ばかり・上皿天秤）

T　物の重さを知るには，はかりを使うと正しい重さがわかります。この他にも，いろんなはかりがあります。これはバネばかりです。

　帽子など，つるせるところのあるものの重さを量ってみせる。

T　目盛りが動くのは，おもりをつるすと，中のバネがのびるからですね。

T　これは，台ばかりといいます。これで重さを量ってみると…。

C　やっぱり450gです。同じだ。

T　台ばかりで重さを量れるわけは，こうです。

　側面のネジを外して，中のバネが物を載せると伸びる様子（しくみ）を見せる。

T　次は上皿天秤といいます。

　粘土を左右にのせて見せ，左右がつり合う（重さが同じ）ことを確かめる。

QR

QR

QR

# ものはおき方をかえると，重さがかわるのか調べよう

板書例

〔問題〕 ものはおき方をかえると，
重（おも）さがかわるのだろうか

**1** 問題 1

350gの木を立ててはかりにのせると，その重さはかわるのか

よそう1

ア．重くなっている （　　　）人
イ．かるくなっている （　　　）人
ウ．350gでかわらない（同じ） （　　　）人

※ここに児童がア～ウと予想した理由を短い言葉で書き留めていくとよい。

**2** じっけん1

350g　　　　　（　？　g）QR

けっか1　ウ＝重さは同じ，かわらない ⇐ { へらしていないし / ふやしていない

POINT 展開3はむやみに重さを量らせるのではなく，展開1・2の結果をもとに予想させ，見通しを持って実験に取り

## 1 木の置き方を変えると，重さも変わるかどうかを予想してみる

T 前の時間は，重さを量ると量比べができることがわかりました。今日も重さの勉強です。

T ここに，大きい木（木片）があります。重さを量ると…350gです。

台ばかり（または電子天秤）で重さを量り，児童に読ませる。

T 今度は，この木を立てて，はかりに載せると重さはどうなるでしょうか。

ア．重くなっている／イ．軽くなっている／ウ．変わらないの3つの選択肢を提示する。

T では，アかイかウか，自分の考えを書きましょう。また，そう考えたわけも書きましょう。

すぐに予想の発表に移らず，まずはどの児童も自分の考えを書く時間をとる。

T まず，アだと思った人は手を挙げて…。

ア，イ，ウそれぞれ挙手させ，人数を確かめる。

## 2 予想と理由を話し合い，実験で確かめる

T アの意見の人から発表しましょう。

C 立てると重さが下に集まると思うからです。

C 私はイの「軽くなる」だと思います。はかりに当たるところがせまくなったからです。

C ウだと思う。置き方を変えても，もとは同じ木で何も足していないし変わってないから。

ここで意見の変更もあるので挙手させてもよい。

T では，木を立てて，はかりに載せてみます。（教師実験）

C あ，同じだ。変わらない。

T 答えは，ウの変わらないでしたね。

同様に，木を横にして載せた場合についても重さはどうなるか予想させ，実験で変わらないことを確かめる。

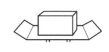

このあと，各グループで辞書などを使って置き方を変え，重さを確かめてもよい。

**3** （問題2）

つみ木のならべ方をかえると，その重さはかわるのか

（よそう2）

ア．重くなる　　　（　　　）人
イ．かるくなる　　（　　　）人
ウ．かわらない　　（　　　）人

> ※ここに児童がア〜ウと予想した理由を短い言葉で書き留めていくとよい。

**4** （じっけん2）

（けっか2）

重さは，
かわらない

〔まとめ〕
ものはおき方をかえても，重さはかわらない

**QR**

・画像

その他

組ませるとよいでしょう。

## 3 つみ木のならべ方を変えると，重さも変わるかどうかを予想する

T　今度は，4個の積み木をならべて，はかりに載せます。

T　この積み木を今度は重ねて高く積み上げます。はかりに載せると重さはどうなっているでしょうか。予想しましょう。

　ここでも，ア．重くなっている／イ．軽くなっている／ウ．変わらないの3つの選択肢を提示する。

T　予想と，そう考えたわけも書きましょう。

　初めの問題の結果をもとにして，考えさせるようにした後，それぞれの意見を発表させる。

C　アの重くなるだと思います。積み上げると，1個のつみ木に重さが集まると思うから。

C　ウだと思いました。それは前の実験で置き方を変えても，重さは変わらなかったからです。

　ここで，意見とその理由の述べ方など発言のしかたも指導する。よいところをほめ，そのマネを促す。

## 4 グループごとに実験で確かめ，わかったことをまとめる

T　木を積み上げ，グループで実験して確かめましょう。

C　重さは初めと同じでした。同じ○○gです。

C　どのグループも，重さは変わらない…だね。

T　では，今日の2つの実験からわかったことを書きましょう。書けたら発表しましょう。

　物の置き方で重さは変わらないことを確かめ合う。

【参考】－物の重さについての児童の考え方と，日常の体験－

本時の課題は，物の置き方を変えると，重さも変わるのかを問うものです。そして「木片を立てると重さはどうなるのか」の誤答の傾向を見ると，「はかりに接する面積が小さくなるので重さも減る」と考える児童がいます。その一方で「立てたり高く積んだりすると重くなる」という考えも，案外多く見られます。この誤答は，おそらく「重さ」と「圧力」の混同からきていると思われます。そして，この誤答には日常の体験による感覚的なとらえも関わっているようです。（片足で立つと片足に荷重がかかる。ハイヒールで踏まれると痛い，等。）その点，重さの学習は，日常体験と離れて考えることも必要な学びです。

# ねん土の形をかえると, 重さがかわるのか調べよう

物は, 減らしたり増やしたりしない限り, 形を変えても小さく分けても, その重さは変わらないことがわかる。

板書例

〔問題〕 ねん土の形をかえると, 重さがかわるのだろうか

**①** 問題１

300gのねん土玉をひらたくのばして
はかりにのせると, その重さはかわるのか

よそう１

ア. 重くなる 　　　（ 　　 ）人

イ. かるくなる 　　（ 　　 ）人

ウ. かわらない 　　（ 　　 ）人

※ここに児童がア〜ウと予想した理由を短い言葉で書き留めていくとよい。

**②** じっけん１

300g

➡

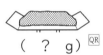
（ ？ g）QR

けっか１ ウ＝重さは, かわらない（同じ）⇐ 何もたしていない, とっていない

POINT 展開３はむやみに重さを量らせるのではなく, 展開１・２の結果をもとに予想させ, 見通しを持って実験に取り

## 1 粘土玉の形を変えると, 重さも変わるかどうかを予想してみる

T 今日は粘土を使います。まず, 粘土から, 重さ300gの粘土の玉を作ってみましょう。

C 簡単です。どんどん粘土を取っていけばいい。

C 増やすには, 粘土を少しくっつけるといい。

　ここでは, 重さを量りながら, 各自, 粘土を取りのぞいたり足し合わせたりする活動をさせたい。

T 今日は, この粘土玉の形を変えると, 重さはどうなるのかを考えます。まず, この300gの粘土を, 平たくのばしてはかりにのせると, 重さはどうなるでしょうか。予想しましょう。

　粘土を平たくのばしてみせ, ア. 重くなる／イ. 軽くなる／ウ. 変わらないの３つの選択肢を提示する。

**【予想と選択肢】**
予想のとき, 選択肢はなくてもよいのだが, 選択肢を設けることが多い。その理由の１つに, 児童が考えやすくなることがある。選択肢という枠があると, 児童の思考が拡散せず, 予想が立てやすくなる。クイズ番組で選択肢問題が多いのも同じ理由による。

## 2 予想と理由を話し合い, 実験で確かめる

T まず, 粘土を平たくのばしてみましょう。まだ, はかりにはのせません。

　各グループで, １つのだんごを平たくのばさせる。

T では, 予想を出し合いましょう。

　ここで, アから順に予想したものを挙手させる。

T 人数の少ないイの人から考えを言いましょう。

C イの「軽くなる」と思ったのは, 粘土を広げると, 薄くなって軽くなると思ったからです。

C 私は, アの「重くなる」です。広げると大きくなって重くなると思ったからです。

C ウ「変わらない」です。粘土は広げただけで, 元は同じで何も足していないからです。

T では, 広げた粘土をはかりにのせて重さを確かめましょう。

C 同じ重さだ。重さは変わりません。

C 何も取っていないし, 足してもいないから。

| I<br>C<br>T | 色々な形にして，載せた様子とはかりの<br>数値を一緒に写真に取り，記録させる<br>のもよいでしょう。 |

**3**

**問題 2**

ねん土玉を小さいだんごに分けて
はかりにのせると，その重さはかわるのか

**よそう 2**

ア．重くなる 　　　（　　　）人
イ．かるくなる 　　（　　　）人
ウ．かわらない 　　（　　　）人

※ここに児童がア～ウ
と予想した理由を短
い言葉で書き留めて
いくとよい。

**4**

**じっけん 2**

300g 　　　　　　　（ ？ g）

**けっか 2** 　重さは，かわらない

**［まとめ］**
ねん土の<u>形をかえても</u>分けても，重さは<u>かわらない</u>

組ませるとよいでしょう。

---

## QR

・動画
「形を変えても重さは
変わらないか？」

・画像

その他多数

---

**3** 粘土を小さく分けてはかりに載せると，
重さも変わるかどうかを予想する

T　今度は，粘土玉をいくつかの小さいだんごに分け
ます。グループで，1つ 300 g の粘土玉を小さく
分けてみましょう。

T　では，分けた小さなだんごを，全部はかりにのせ
ると，重さはどうなっているでしょうか。

　　まだ，はかりにはのせない。ア.重くなる／イ.軽くなる
　　／ウ.変わらないの3つの選択肢を提示する。

T　予想とそう考えたわけを書きましょう。

　　予想しても，その理由を書きにくい児童もいる。「なんと
　　なく」という理由でも否定しない。

T　では，自分の予想を発表しましょう。わけを言え
る人は，予想のわけも発表しましょう。

C　アです。だんごの数が増えたから。

C　イです。小さく分けると軽くなると思った。

C　ウ。粘土を分けただけで減っていないから。

T　それぞれの予想と理由が出されましたね。

**4** 話し合いのあと，どの予想が正しかった
のか，実験で重さを量って確かめる

T　では，自分と違った予想に対して，意見はありま
せんか。出し合ってみましょう。

　　自分の考えと違う意見に対して，考えを言い合う時間をと
　　ってもよい。

T　どの予想が正しかったのか，決めるのは実験です。
グループで，分けただんごをはかりに全部載せてみ
ましょう。

C　300gです。変わらない。ウです。

C　小さく分けても，ものが減ってないから同じだ
ね。

T　では，その小さいだんごを1つだけ取ってみま
しょう。重さはどうなるでしょうか。

C　そのときは，やっぱり重さも減ります。

　　各グループで粘土玉を1こ取って確かめる。

T　今度は分けただんごをもう一度固めて大きなだん
ごにしてみます。重さはどうなりますか。

　　各グループで重さは変わらないことを確かめる。

# ものの形をかえると，重さがかわるのか調べよう（アルミ箔・砂糖）

板書例

## 〔問題〕　ものの形をかえると，重さがかわるのだろうか

**1** 問題Ⅰ　アルミはくをまるめて
　　　　　　はかりにのせると，その重さはかわるのか

よそうⅠ
丸めたアルミはくの方が
ア．下がる　　　　　　　　（　　　）人
イ．上がる　　　　　　　　（　　　）人
ウ．つり合ったまま　　　　（　　　）人

※ここに児童がア〜ウと予想した理由を短い言葉で書き留めていくとよい。

**2** じっけんⅠ

アルミはく　　ねん土　　　→　　丸めたアルミはく

けっかⅠ　ウ＝つり合ったまま（重さはかわらなかった）⇐ { つけたしていない / へらしていない }

POINT　展開3はむやみに重さを量らせるのではなく，展開1・2の結果をもとに予想させ，見通しを持って実験に取り

## 1　アルミ箔を丸めると，重さはどうなるのかを予想する

T　今日はアルミ箔を使って，物と重さについて考えましょう。このアルミ箔を落とすと，(落としてみせる)ひらひらと落ちますね。

T　まず，上皿天秤で粘土のおもりとアルミ箔をつり合わせます。(グループ，または教師実験)

T　では問題です。このアルミ箔を丸めます。(丸めてみせる) そして，はかりに載せると，天秤の傾きはどうなるでしょうか。

　「ア - アルミ箔の方が下がる／イ - アルミ箔の方が上がる／ウ - つり合ったまま」の選択肢を提示する。

T　では，予想を書きましょう。『なぜなら』を使って，考えのわけも書けるといいですね。

【上皿天秤の使用】
電子天秤でもよいが，ここでは，上皿天秤を使っている。それは，重さの量り方の原理が見えやすいこと，また，重い軽いやつり合いが，うでの傾きを見ると，3年生にも感覚的にわかる良さがあるからである。学習内容に応じて，使うはかりを選ぶことも大切である。

## 2　予想と理由を話し合い，実験で結果を確かめる

　初めに，挙手でみんなの予想の傾向を知り合うとよい。イと予想する児童はほとんどいないことが多い。

T　では，予想したことを発表しましょう。

C　ア「下がる」と予想しました。それは，丸めると中心に重さが集まると思ったからです。

C　ウの「つり合ったまま」だと思いました。なぜなら，アルミ箔は丸めただけで，何かをつけ足したりへらしたりしていないからです。

T　では，丸めたアルミ箔を落してみましょう。

C　あれ，ストンと落ちた。重くなったのかな？

　話し合いに応じて，このように児童の考えをゆさぶることもある。

T　では，アルミ箔を丸めて，はかりに載せてみましょう。

C　つり合ったまま。丸めても重さは増えない。

C　重さは変わらないんだね。

|ICT| 色々な形にして，載せた様子とはかりの数値を一緒に写真に取り，記録させるのもよいでしょう。|

## QR

・画像

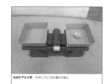

その他多数

**3** （問題２） 角ざとうをくだいてこなにして
はかりにのせると，その重さはかわるのか

（よそう２）

角ざとうの方が

ア．下がる 　　　　（　　　）人

イ．上がる 　　　　（　　　）人

ウ．つり合ったまま （　　　）人

※ここに児童がア〜ウと予想した理由を短い言葉で書き留めていくとよい。

**4** （じっけん２）

角ざとう　ねん土　こなにした さとう

（けっか２） 重さは，かわらない

［まとめ］ ものを丸めてもくだいても，
もの出入りがないとその重さはかわらない

組ませるとよいでしょう。

## 3 角砂糖をくだくと，重さはどうなるのかを予想する

T ウの「重さは変わらなかった」ということは，形を変えても重さは変わらないという『考え』が正しかったことになりますね。

T ２つ目の問題です。ここに，ポリ袋に入った３個の角砂糖があります。これを，上皿天秤で粘土とつり合わせます。そして，ポリ袋に入れたまま，この角砂糖をくだきます。それを，はかりに載せるとつり合いはどうなるでしょうか。

「ア-角砂糖の方が下がる／イ-角砂糖の方が上がる／ウ-つり合ったまま変わらない」と提示する。（今回は，教師実験でよい。電子天秤を使ってもよい）

T 予想と，そう考えたわけも書きましょう。

C くだくと細かくなるから，軽くなるかなあ。

C 砂糖の１つぶにも重さはあるのかな。

角砂糖の代わりに，せんべいを使うこともできる。

## 4 角砂糖の実験で結果を確かめ，２つの実験でわかったことをまとめる

T 予想について，意見を出し合いましょう。

予想と，その予想に至った「考え」を発表させる。

T どの考えが正しいのか，確かめましょう。

グループ実験か教師実験。

C やっぱり変わらない。何も減ってないから。

T もし袋が破れていたとすると，どうなるでしょうか。

C 穴から砂糖がこぼれ出ると重さも減ります。

T 実験したこと，わかったことを書きましょう。

【思考力・表現力を高めるために】

「予想」など，ものを考えるとき，私たちは言葉を使って考えている。そのため思考力を高めるには，まず言葉の力をつけることが大切である。特に４年生にかけては，自分の考えやその理由を，論理的に述べる力（表現力）が必要になる。それには，「それは」や「なぜなら」「例えば」「つまり」「〜だから〜」などの，関係を表す言葉の使い方を教え，実際の発言や書く文章にも使わせていくことだ。それが，論理的な思考力や表現力を高めることになる。

本時の目標　木と鉄など，物の種類が違うと，同じ体積でも重さは異なることがわかる。

板書例

〔問題〕　もののしゅるいがちがうと，
　　　　　重さはちがうのだろうか

**1** 問題

２つのスプーンの重さは
同じだろうか

じっけん

プラスチック
（　　　）g

ステンレス
（　　　　）g

**2** けっか

ステンレスの方が重い

**3** 〈ものには２つの名前〉

・しなものの　（バット）（くぎ）
　名前
・ものの　　　（木）（鉄）
　名前

「バットはくぎより重い」といえるが
「木は鉄より重い」とはいえない

POINT　5種類の同体積のものを水に落とし，どれが水に浮いてどれが沈むか観察させ，その違いと理由を考えさせましょう。

## 1 同じ形，大きさの２つのスプーンは，何が違うのか，重さは同じなのか話し合う

T　ここに，同じような形，同じ大きさの２つのスプーンがあります。(見せる)この２つのスプーンは，どこか違うところはありますか。

C　１つは，プラスチックのスプーン，もう１つは，金属で，できているスプーンです。

C　何でできているのか，スプーンの材料が違うと思います。

T　そうです。１つはプラスチック，もう１つは，ステンレスという金属でできているスプーンです。つまり，材料の種類が違うのですね。では，問題です。種類が違っても，形や大きさが同じなら，重さも同じでしょうか。

C　大きさが同じなら，どちらも同じ重さだと思います。

C　でも，鉄でできた物は重いし…。

T　『大きさ』や『かさ』のことを『体積』といいます。これからこの言葉を使います。

　　『物の量』には，体積と重さがある。体積とは見た目の大きさ，多さといえる。

## 2 材料の種類が違うと，スプーンの重さは違ってくるのかを確かめる

T　スプーンの『材料の種類』が違うと，同じ体積でも重さは違うのか話し合いましょう。

C　家でも両方使っているけど，なんとなくプラスチックの方が軽いと思います。

T　確かめるよい方法は，何かありませんか。

C　手で持って重さを比べるといいと思います。

T　では，手で持ってみると，重さはどうかな。

　　数人に持たせて，持った感覚を発表させる。

C　やっぱり，ステンレスの方が重い…と思う。

T　みんながなるほどと確かめられる方法は？

C　はかりで量れば，確かです。

　　それぞれの重さをはかりで量って確かめる。

C　やっぱりステンレスの方が重かった。

T　同じようなスプーンでも重さが違ったのは，何でできているのかという，物の種類が違ったからですね。

| I<br>C<br>T | はかりが示す数値を撮影させ, 同体積でも材質によって重さが違うことを記録させるのもよいでしょう。 |

**QR**

・画像

その他

**4** 〈1辺3cmの立方体の重さ〉

重い ◄――――――――――――――► かるい

3cm

| 銅(どう) | 鉄 | アルミニウム | プラスチック | 木 |

（240）g　（210）g　（72）g　（39）g　（18）g

いろいろなものの重さをくらべるときは
体積(たいせき)を同じにして重さをくらべる

〈まとめ〉
もののしゅるいがちがうと, 体積が同じでも
重さはちがう

---

**3** 木のバットは鉄の釘より重いことから『木は鉄より重い』といえるか話し合う

T　次の問題です。木のバットの方が鉄の釘より重いです。このことから『木は鉄より重い』といっていいでしょうか。

C　バットは大きいので重くて当たり前です。だから『木が重い』といえません。

T　では, 木と鉄という種類の違う物の重さを比べるには, どうすれば比べられるでしょうか。

C　体積を同じにして重さ比べをする。

T　物には, 品物の名前と材料の種類の名前があります。品物比べでは『バットは鉄釘より重い』といえます。でも木と鉄のように, 材料で比べるときは, 同じ体積にして比べないと, 正しく比べられません。

T　では, 同じ体積の木と鉄, 重さに違いはあるのか, まず手で持ってみましょう。

C　鉄の方がうんと重い。『鉄は木より重い』

---

**4** 種類の違う物の多さを比べるには, 同じ体積の物で比べることを確かめる

T　はかりでも量ってみんなで確かめましょう。

C　鉄が210g, 木は18g。鉄が10倍以上重い。

T　では, 鉄や木以外の物の重さも比べてみましょう。銅, アルミニウム, プラスチックで同じ体積にしたものがあります。(他に, 石やゴムなど) 重い物から順に予想してみましょう。

C　鉄, プラスチック, 銅, 木, アルミ…かな。

T　みんなで確かめてみましょう。それには?

C　はかりで量るといい。(電子天秤で量る)

T　いちばん重かったのは?その次は?

C　銅, 鉄, アルミニウム, プラスチック, 木の順です。

C　物が違うと, 同じ大きさでも重さは違うんだね。

| 銅 | 240g |
| 鉄 | 210g |
| アルミニウム | 72g |
| プラスチック | 39g |
| 木 | 18g |

（3cmの立方体のおよその重さ）

QR

# 体積は同じでも，ものによって重さが ちがうのか調べよう（しおと砂糖）

食塩と砂糖のように，物の種類が異なるとき，その物の重さを比べるには，体積を同じにして比べなければならないことがわかる。

板書例

〔問題〕　**体積が同じでも，ものによって重さが ちがうのだろうか**

**1** 問題
しおとさとうは，どちらが重いだろうか

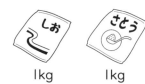

1kg　　　1kg

くらべるには　〔 かさ／大きさ／多さ 〕を　同じにする

目で見て わかる量 ＝ │ 体積 │ という

**2**
〔 同じ体積に するには 〕

・スプーン
・計りょうスプーン
・1dLます
・プリンカップ　

POINT 袋に入った1kgの砂糖としおを比べ，砂糖はしおと比べてギュッと詰まっていない（密度が低い）という感覚を持たせる

## 1 食塩と砂糖のように，種類の違う物の 重さの比べ方を考える

1kg入りの食塩と砂糖の袋を見せる。

T これはしおと砂糖です。どちらが重いかを調べます。どうすれば，わかるでしょうか。（袋入りのもの）

C しおと砂糖の重さを，はかりで量るといい。

T このまま量ってみると，どちらも1kgです。『しおと砂糖は同じ重さ』といっていいかな。

C おかしいです。砂糖の袋の方が大きいです。

T しおと砂糖のように種類が違う物の重さを比べるには，どうやって比べるといいですか。

C 前の『木と鉄の重さ比べ』のように『大きさ』を同じにして比べるといい。

C かさを同じにして，重さを比べると公平だ。

## 2 食塩と砂糖の体積を同じにするやり方を 考え，話し合う

T 『鉄と木』では，同じ形で同じ大きさ，つまり同じ体積のもので重さ比べをしました。はかりで量ると，鉄の方が重かったですね。

T では，この袋入りのしおと砂糖，重さはどちらも1kgで同じですが，体積は砂糖の方がしおよりも大きいようです。しおと砂糖を同じ体積にするには，どうすればいいでしょうか。

C どちらも，スプーン1杯ずつとり出してはかりで量るといい。

C うちにあるような計量スプーンがいい。

C 2年生のときに使った1dLのますに入れると，体積はどちらも1dLになる。

T どれも同じ体積にできそうです。では，1dLのますで1dLずつしおと砂糖を量りとります。

同体積にする方法はバラバラだと準備が大変。まずは教師が指示するか，教科書を参考にさせる。

**QR**

・画像

塩・砂糖のおもさを量る　同じ体積の容器に, 塩・砂糖を入れてあわさを量る。

器具への出れ方　容器に十分に約け切った物を入れるやり方。

その他

---

**3** じっけん

## しおとさとうの重さくらべ

同じ体積 (1dL) にして
くらべ

しお （106）g　さとう （81）g

**4**

こむぎこ （52）g

※1dLの重さは, 計測上の誤差はあります。

「しおはさとうより重い」

〈まとめ〉
体積が同じでも, ものによって, 重さはちがう

---

ことで, 見通しをもって展開3に取り組ませることができます。

---

## 3 同じ体積にしたしおと砂糖を手で持ったり, はかりで量ったりして重さを比べる

T　同じ体積にするには, 教科書のように, まずトントンしてすき間がないように入れます。

T　また, 同じ入れ物でも一方を山盛りに入れてはいけません。『すり切り1杯』にするため, わりばしですり切って, どちらも『すり切り1杯』(1dL) にそろえましょう。

C　どちらも1dL量れました。同じ体積です。

T　同じ体積になったしおと砂糖の重さ, まず手で持って比べてみましょう。

　　食塩の方が重いことを確認させる。

T　今度ははかりで重さを量って確かめましょう。

C　しおが重い。『しおは砂糖より重い』といえる。

　　【発展課題】(時間があれば)

T　スプーンですり切り1杯ずつ量りとって, その重さを比べるとどうなるでしょうか。

C　やっぱりしおの方が重いと思います。(実験)

## 4 【広げよう】小麦粉の重さについて考え, 学習のまとめをする

　　【発展的な学習】で, 次の課題を取り上げてもよい。

T　今度は, この小麦粉の重さを考えます。『小麦粉の重さは, しおや砂糖と比べると重いのかどうか』調べるには, どうすればいいですか。小麦粉の袋をそのままはかりに載せますか。

C　しおや砂糖のときのように, 同じますで1dLを量って, その重さを量るといいです。

C　小麦粉も体積を同じにして重さを量ります。

T　では, 小麦粉も, しおや砂糖と同じますで量って, 1dLの体積で重さを量ってみましょう。

C　小麦粉は手で持ってみても軽いよ。

C　はかりで量ると, やっぱり砂糖より軽い。

T　砂糖としおのように, 種類の違う『物』の重さを比べるときには, どのようにして重さを量りますか。

C　体積を同じにして, 重さを量って比べます。

# 「ものとその重さ」資料

## 1.「発展・補い」の学習

◇ 「重さ」については，算数科としても学習します。そこでは，重さの単位 (g・kg) や，はかりの目盛りの読み方について学びます。また，いろいろな身の回りの物の重さを実際に量ってみる，という活動もあるでしょう。その点，学習内容は，理科での「重さ」の学習とも重なるところがあります。そこで，本単元では，算数科として学習しそうな「重さの単位」や「身近なものの重さを量る」といった活動は，算数科で既習の内容と考え，ここでは取り上げていません。しかし，理科としても取り上げている教科書もあり，理科でも学ばせたい場合，以下のような内容で，「1時目の前」か「1時目と2時目の間」に「補いの学習」あるいは「発展的学習」として，取り入れるとよいでしょう。

### 「重さの単位と，はかり」 －「補い・発展」としての学習内容と授業の流れ－

1時目で，『ものの量』は，同質の物なら『重さ』を量ることによって比べられることを学んでいます。そこで，1時目のあとの「補い・発展」としての授業の内容は，重さを量るという活動が中心となり，次の展開①〜④のようなものになるでしょう。

### ① はかりの使い方を知って，身の回りの物の重さを量ってみましょう。

T 鉛筆1本の重さはどれくらいかを知るには，どうすればよいでしょうか。
（はかりで量るとよいことを話し合い，先生が電子天秤で量ってみせる）

T みなさんも，はかりの使い方を知って，使えるようになりましょう。
（教科書の「使い方」ページも見ながら，電子天秤をどう使うのか，操作方法を教える）

T 試しに，鉛筆や文具の重さも量ってみましょう。（身の回りの物の重さを量る）

電子天秤（デジタルばかり）

### ② 重さには，単位があります。g（グラム）と，kg（キログラム）です。書けるようになりましょう。

T 長さは，cm（センチメートル）やm（メートル）という単位で表したように，重さにも単位があります。
（g（グラム）とkg（キログラム）があることを教え，「鉛筆1本は○g」と書いて見せる）
（「1kgは1000g」ということも伝え，gやkgの書き方も練習させる）

T 体重のように重いものは，kgで，卵や本のように軽い物は，gで表します。（使い分け）

### ③ いろいろな物の重さを電子天秤で量り，その重さを単位もつけて書きとめていきましょう。

T いろいろな物の重さを量って，ノートに書きましょう。
（「ぼく，10個も量ったぞ」などと，3年生は，たくさん書きとめることを喜ぶ。乾電池や給食スプーン，小さな本など，はかりに載る物を，準備しておくのもよい）

T （1円玉など）みんなで同じ物を量ってみましょう。
（1円玉を量ると，1円玉は1個1gだとわかる）

### ④ 電子天秤以外にも，重さを量れる「はかり」はあります。

T よく使うはかりには，「台ばかり」もあります。1kgより重い物を量れる台ばかりもあります。
（「どんなしかけで，量れるのでしょう。」と側面の板を外して，バネを見せてもよい）

T 上皿天秤もあります。片方の皿に1円玉を置くと？ 置いた方の皿が，下がりました。

T 両方の皿に1円玉を置くと…このように，同じ重さのときは，天秤は水平につり合います。

台ばかり

上皿天秤

## 2. 「重さ」を，児童はどうとらえているか，その傾向と対策

◇　児童が考えている「ものとその重さ」の傾向

　　3年生の児童も，子どもなりの「重さ観」を持っているものです。いわば「先入観」「素朴概念」とも言えるもので，それまでの経験からも作られてきたものでしょう。児童の頭の中は，決して「白紙」ではないようです。そして，それらは多くの先生方も気づいておられるように，例えば，次のような「重さ」のとらえ方となって表れます。一例ですが，授業を進める上でも，児童の考え方の傾向として，頭に入れておいてもよいと思われます。

・「手で重さを感じないような小さな物，落ちてきにくい物には，重さはない。」「軽さがある？」
　（雨つぶ1滴・ゴマ1つぶ・ホチキスの針1本・ティッシュ1枚・素麺1cm分，などには重さはない）
・「粘土やアルミ箔などをおし固めると，その重さは重くなる。」
　（「押し固めると，重さが真ん中に集まってきて，重くなる。」などと考える児童もいる）
・反対に，「消しゴムなどを小さく切り分けたり，せんべいなどを砕いて粉にしたりすると，全体を集めても軽くなっている。」（「小さくしたり分けたりすると，重さも少し減る。」など）
・「体重計の上で，片足で立つとはかりの目盛りは増える。」
　（「片足に重さが集まるから，重さも増える」などと考え，圧力の強さと混同しているのかもしれない。反対に，「減る」と考える児童もいる。）
・「1Lの水を飲んで，すぐ体重計にのっても，体重は増えていない。」
　（「水は，体に吸収されて，なくなったから…」などと思っているようである）
・「体重計の上でしゃがんで，力を入れる（力む）と，体重計の目盛りは増える。」
・「重さを感じない空気には，重さはない。空気に重さがあったらたいへん…。」
　（4年生5年生でもそう考える児童がいる。）

◇　「ものとその重さ」について，正しく考えられるように

　　児童の，このような考え方はどこから来るのか，その1つは，3年生の段階では，体感や手の感覚で「重さ」をとらえているところにあるようです。「小さい物には重さはない」と考えているのは，その表れです。手では重さを感じないからでしょう。また，それは生活体験の不足というより，生活体験や感覚へのとらわれと言えそうです。そして，それを乗り越えるのは，体験ではなく，やはり「論理」だといえます。「ゴマ粒も，コップ1杯集めると重さはある。だから，1粒のゴマにも重さがないとおかしい。」などと考えられることで，小さな物にも重さを認められるようになります。また，重さの保存性についても，「物の形や置き方が変わっても，物の出入りがないなら，重さも変わらないはず」「何も足したり取ったりしていないから」という考え方ができることが大切になります。ただ，それは，3年生の時期では少し早いかもしれません。4年生になれば，授業でも取り上げることはできそうです。

## 3. 小さな物にもある「重さ」をとらえる教具，ストロー天秤

　　3年生には，いろいろな物の重さや，特に「重さはない」と思えるような小さな物も，はかりで量ってみる活動は有効でしょう。その際，下のような自作のストロー天秤は1つの教具となります。ホチキスの針1本，そうめんやパスタ1cmでも天秤のうでが下がり，重さを認めることができます。

〈作り方〉
① 天秤の支持台を牛乳パックで作る。
② ストローの真ん中に針を刺し，天秤棒を作る。
③ おもりや物を置く皿を2つ作る。
④ ストローを台に取り付け，皿をストローの左右同じ長さのところにつるす。

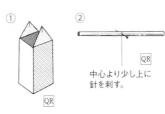

① ②

中心より少し上に針を刺す。

③

カップなどを利用して，皿を2つ作る。

④

1円玉などをおもりとして使う。

# 電気の通り道

## ◎ 学習にあたって ◎

### ● 何を学ぶのか

ここで学ぶことは 2 つです。1 つ目は，豆電球に明かりをつけるには，電気の通り道として，ひと回りする輪（回路）ができていなくてはならないことです。そして，回路は乾電池（電源）と豆電球（電気が仕事をするところ）と，導線（つなぐ）という 3 つの要素からできていることにも気づかせます。これも，回路の基本です。ここでの回路に関わる知識や回路を作る技能は，今後，電気を学んでいく上での基礎ともいえます。2 つ目は，「金属は電気を通す」というきまりです。電気を通すもの（物質）は金属だということです。その際，鉄や銅，アルミニウムを，「金属」という一つの「類」として見る見方を大切にします。

### ● どのように学ぶのか

まずは，「回路が作れ，豆電球に明かりをつけることができる」ということをめあてにします。被覆をはがし，導線をつなぎ，自分の手で明かりをつけることが「電気の通り道 (回路)」の理解につながります。つまり，「やりながら，考える」という学び方です。また，豆電球やソケットのつくりにもふれ，それらは回路の一部になっていることも確かめます。また，豆電球に明かりがつかなければ，回路のどこかが途切れているのでは？と，気づくことも大切です。それがわかると，「被覆はがしの不十分さ」や「豆電球のゆるみ」などにも，目を向けることができます。これらも，電気を使いこなしていく上での，大切な技術といえます。

### ● 留意点・他

電気は，家庭でも中心となっているエネルギーです。家電製品にも囲まれています。一方で「電気はわからない，こわい」などという声も聞きます。家庭に来ている電気は，乾電池の電気とは違うところもありますが，全く別物なのではなく，共通するところもあります。コンセントやコード，プラグのつくりなど，くらしの中の電気にも目を向け，学習とくらしとをつなぐことも，電気に関心をもたせる試みとなります。

## ◎ 評 価 ◎

| 知識および技能 | ・乾電池と豆電球，導線が一つのつながった輪（回路）になると，電気が流れ，豆電球に明かりがつくことがわかる。<br>・物には，電気を通す物と通さない物とがあり，金属のなかまは電気をよく通す物であることがわかる。<br>・乾電池や豆電球，ソケット，導線などを使って，明かりのつく道具やおもちゃを作ることができる。 |
|---|---|
| 思考力，判断力，表現力等 | ・豆電球に明かりがついているとき，乾電池，豆電球，ソケット，導線でできた「電気の通り道（回路）」をたどることができ，発言や文，図などで表現できる。<br>・乾電池と豆電球，導線を使って，電気を通す物と通さない物とを見分けることができる。 |
| 主体的に学習に取り組む態度 | ・豆電球に明かりがつくようなおもちゃづくりなどに，友だちとも教え合いながら，進んで取り組んでいる。 |

| 次 | 時 | 題 | 目標 | 主な学習活動 |
|---|---|---|---|---|
| 明かりがつくつなぎ方 | 1 | 豆電球に明かりをつけよう | 豆電球・乾電池・ソケットの3つの道具を使い，豆電球が点灯するつなぎ方がわかり，明かりをつけることができる。 | ・豆電球・乾電池を知る。<br>・豆電球に明かりをつけるつなぎ方を考え，試してみる。<br>・3つの道具（豆電球，乾電池，ソケット）の説明を聞く。 |
| | 2 | 豆電球の明かりが「つく」つなぎ方と「つかない」つなぎ方を見分けよう | 乾電池の＋極と−極に導線をつなぎ，乾電池と豆電球が1つの輪（回路）のようにつながると，明かりがつくことがわかる。 | ・いろいろな豆電球の明かりがつくつなぎ方を予想する。<br>・どれが点灯するか実験をして確かめる。 |
| | 3 | 豆電球の明かりがつくつなぎ方を考えよう | 乾電池と豆電球が1つの輪（回路）のようにつながると，豆電球に明かりがつくことがわかる。 | ・ソケットの2本の線を別々の2個の乾電池につなぐ。<br>・豆電球の明かりがつくときとつかないときは，どうなっているか話し合う。<br>・導線が長いときも明かりがつくかどうか調べる。 |
| | 4 | 豆電球やソケットのつくりと回路を調べよう | 豆電球やソケットのつくりを調べ，豆電球の光る部分（フィラメント）も，回路の一部になっていることがわかる。 | ・豆電球やソケットのつくりを調べる。<br>・2本の導線と，ソケットなしの豆電球と乾電池で明かりをつけるために，いろいろなつなぎ方で豆電球がつくかどうか予想し，実験して確かめる。<br>・1つながりの輪（回路）になっていると明かりがつくことを確かめる。 |
| 電気を通すもの・通さないもの | 5 | 電気を通すものと通さないものを見分けよう | 物には，電気を通す物と通さない物とがあり，電気を通す物は鉄や銅，アルミニウムなどの金属であることがわかる。 | ・鉄くぎや針金，布などいろいろな物の電導性を調べ，電気を通す物は，鉄，銅，アルミニウムという金属であることを確かめる。<br>・空き缶など金属の表面に被膜があれば，電気は通らないことを調べる。<br>・被膜をはがすと金属が表れ，電気が通ることを確かめる。 |
| | 6 | 電気を通すものと通さないものを調べよう | テスターを使い，身の回りにある電気を通す金属と，電気を通さないものとを見分けることができる。 | ・テスターを作り，電気が通りそうなものを予想し，金属探しをする。 |
| おもちゃ作り | 7・8 | 明かりのつくおもちゃを作ろう（ものづくり・理科工作） | 導線をつないだり，スイッチを入れたりして，豆電球の明かりがつくおもちゃを作ることができる。 | ・導線のつなぎ方を見る。<br>・いろいろなスイッチを作る。<br>・おもちゃを作り，作ったものを見せ合う。<br>（他のおもちゃ作りも考えられる。例：ドキドキめいろ作り，スタンド作りなど） |

# 豆電球に明かりをつけよう

板書例

〔問題〕 豆電球とかん電池をどのようにつなぐと
明かりがつくだろうか

**1** ▸ **2** ▸ **3**

〈電気の学習で使うもの〉

| 豆電球 | どう線つき<br>ソケット | かん電池 |
|---|---|---|

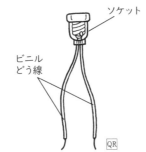

ソケット

ビニル
どう線

QR

＋きょく
(プラス)

ーきょく
(マイナス)

QR

(POINT) 豆電球をゆるめ, ソケットに豆電球がしっかりはまっていないと明かりがつかないことも確認させることで, 明かりが

## 1 豆電球と乾電池を知る

T （懐中電灯を見せて）これは何でしょう。
C 懐中電灯です。

豆電球使用の懐中電灯を見せる。今の懐中電灯は, ほぼ
LEDになっているので, なければこの導入を省く。

T 何が光を出しているのか, 中を開けて見てみま
しょう。先に何か丸いガラスでできたものがついて
います。これは『豆電球』といいます。電気を流す
と光を出すものです。これからの勉強で使います。
覚えておきましょう。

T 次に, この豆電球を光らせる電気はどこからく
るのでしょう。懐中電灯の
中に他に何かありましたか。
C 乾電池があります。
T 乾電池から電気が出てい
て, この電気で豆電球に明
かりがつきます。乾電池もこれからの勉強で使いま
すので覚えておきましょう。

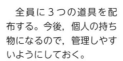

## 2 豆電球に明かりをつけるためにいるもの を考える

展開1の豆電球式の懐中電灯がなければ, この展開2から
始める。

T 豆電球に明かりをつけたいと思います。懐中電灯
を思い出して, 何がいるか考えましょう。
C 乾電池がいります。
T 乾電池と豆電球だけで明かりがつけられるかな。
他にいるものはないかな。(考えさせる)
T ここに, 3つの道具 (ここでは豆電球／乾電池／ソケッ
トの名称だけ言う) を用
意しました。これで豆
電球に明かりをつける
ことができるでしょう
か。やってみましょう。

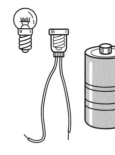

全員に3つの道具を配
布する。今後, 個人の持ち
物になるので, 管理しやす
いようにしておく。
児童は, 試行錯誤しながら作業を進めるが, この段階で点
灯までいくことは難しいこともある。

| 準備物 | ・豆電球 (1.5v用, 1個の乾電池使用時)<br>・導線付きソケット (ソケット部透明)<br>・乾電池単1 (単3) (マンガン乾電池でよい) |
| --- | --- |

**4** 〈明かりのつくつなぎ方〉

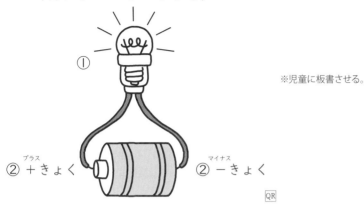

① 

※児童に板書させる。

② ＋きょく　　② －きょく

ブラス　　　　　　マイナス

QR

〔まとめ〕

豆電球に明かりをつけるには

① 豆電球をソケットにねじ入れる
② ２本のどう線を
　　かん電池の＋きょくと－きょくにつなぐ

**QR**

・画像

ソケット　このようなものをソケットという。

ソケットと豆電球　ソケットに豆電球をねじって入れる。

豆電球に明かりがつくよ　明かりは、豆電球が切れると…

その他多数

つかなくなる原因の１つだと認識させるとよいでしょう。

## 3　豆電球，乾電池，ソケットの説明を聞く

Ｔ　なかなか豆電球をつけることはできませんね。では，電気の学習で使うこの３つの道具の名前や使い方について説明します。

①豆電球

小さな電球で，電気が流れると明るく光ります。球の中にはくるくる巻いた線「フィラメント」があり，ここが光るのです。豆電球はソケットに差し込んで使います。

光るところ

口金

②ソケット

豆電球を差し込んで電気を流すもので，導線が２本出ています。

③乾電池※

電気をためたものです。乾電池の出っ張っている方が＋極で，平らな方は－極といいます。

＋極

－極

（※乾電池は教科書にあわせて単一か単三を使用する）

Ｔ　まず，ソケットに豆電球を入れてみましょう。

## 4　豆電球に明かりをつける

Ｔ　この３つを使って豆電球に明かりをつけてみましょう。ソケットの線と乾電池をどのようにつなげば豆電球がつくか考えてみましょう。

ねじって入れる

Ｃ　豆電球はソケットにしっかり入れる。

Ｃ　線のどちらを乾電池の＋極につなごうかな。

　　そのうち，うまく明かりをつける児童も出てくる。

Ｔ　豆電球に明かりがついた人は，どのようにつないだのか図にかいておきましょう。

　　かけた児童の中から数人指名し，黒板に図をかかせ説明させる。

Ｃ　２本の線の端をそれぞれ乾電池の＋極と－極につけると明かりがつきました。

Ｃ　線を乾電池から離すと消えてしまいました。

　　説明の後，それまでうまく明かりがつかなかった児童にも同様につながせ，教え合いながら各自が明かりをつけられることを体験させる。

# 豆電球の明かりが「つく」つなぎ方と「つかない」つなぎ方を見分けよう

板書例

〔問題〕　豆電球とかん電池をどのようにつなぐと明かりがつくだろうか

1
2
3

よそう ⟶ じっけん ⟶ けっか

① （つかない）　② （　つく　）　③ （つかない）　④ （つかない）

⑤ （　つく　）　⑥ （つかない）　⑦ （つかない）

QR

※（　）内は，はじめ空欄にしておき，「つく」「つかない」を後で書き入れる。

POINT　予想することにあまり時間を使わず実験を行い，明かりがつく繋ぎ方とそうでない繋ぎ方に分類し，明かりがつくときの

## 1　豆電球の明かりがつくつなぎ方を予想する

T　明かりをつけるには，どのように豆電球と乾電池をつなげばよいのかを考えます。（2つの図を掲示して）この③，⑤のつなぎ方をすると，それぞれ豆電球は明かりがつくでしょうか。

③　⑤

T　前の時間に明かりがつくつなぎ方を見つけました。（つけて見せる）こうつなぐとつきましたね。では，他のつなぎ方ではどうでしょうか。いろいろなつなぎ方をした図があります。

　乾電池と豆電球入りソケットの7つのつなぎ方の図のプリントを配布する。板書でも掲示し，豆電球が点灯するかどうかを予想させる。

T　（　）に明かりが「つく」か「つかない」かを，理由も考えながら書きましょう。

## 2　「つく」か「つかない」か，予想とその理由について話し合う

T　予想とともに理由も発表しましょう。

　児童の予想の根拠と考えることを大切にする。

「つく」「つかない」の児童の予想とその理由

（①と②について）
C　①はどちらも＋極につながっているから「つかない」（正）
C　②は2本の線が乾電池につながっているから「つく」（正）

（③と④について）
C　③は1本の線が，極ではなく乾電池の横についているから「つかない」（正）
C　④は2本の線が乾電池についているから「つく」（誤）

（⑤について）
C　⑤は2本の線が，それぞれ＋，－極につながっているので「つく」（正）
C　⑤は2本の線の長さがちがうから「つかない」（誤）

| | |
|---|---|
| I<br>C<br>T | 豆電球と乾電池を繋いだイラストを送り, 明かりがつく繋ぎ方と, そうでない繋ぎ方に分類させましょう。 |

**4** 〔まとめ〕
　　明かりがついたつなぎ方

・2本のどう線が＋きょくと－きょくに
　つながっている
・たどると1つの「わ」になっている
　　　　　　　　　　（回路という）

「わ」のように
つながって
いないと
電気は流れない

回路ができると電気が流れる

明かりがつく

共通点を探させましょう。

QR

・画像

豆電球に明かりがつくつなぎ方（1）　乾電池の＋極に豆電球からの二本の導線が接続している。

豆電球に明かりがつくつなぎ方（1）　乾電池の－極に一緒に豆電球からの二本の導線が接続している。

豆電球に明かりがつくつなぎ方（2）　豆電球に明かりがつくつなぎ方で、豆電球からの導線が乾電池の＋、－に接続している。

その他多数

**3** 「つく」か「つかない」か, 予想した
　　ことを実験で確かめる

「つく」「つかない」の児童の予想とその理由（続き）

（⑥について）
C　⑥は1本の線が乾電池についていないから
「つかない」（正）

（⑦について）
C　⑦は線が2本とも, ＋極にも－極にもつながっていないから「つかない」（正）
C　⑦は乾電池に2本の線がついているから「つく」（誤）

T　それでは, 明かりがつくかどうか実験して確かめてみましょう。

　グループ実験で, それぞれのつなぎ方で「つく」「つかない」を確かめる。個別実験でもよい。

　⑤の実験だけは線の長さが異なるので, グループ（個別）実験の後, 教師が①から順に（⑤も）全体実験で見せる。

**4** 明かりのつくつなぎ方についてまとめる

T　「つく」のは②と⑤で, 他は全部つきませんでした。なぜ⑤はついたのでしょうか。

C　⑤がついたのは, ソケットの2本の線がそれぞれ（1本ずつ）＋極と－極につながっていたからです。

C　線の長さが違っても, 全体が一つの輪になっていたら電気は流れるみたいです。

T　他のものは, なぜつかなかったのですか。

C　2本の線がそれぞれ＋極と－極につながるようになっていなかったからです。

T　明かりがついたものは, まず, 2本の導線が, それぞれ＋極と－極につながっています。豆電球が入っているソケットと乾電池が, 1つの輪になると, 豆電球には明かりがつきます。この輪になった電気の通り道を回路といいます。

T　明かりがついた②と⑤の図に, 1つの輪になるか赤鉛筆で電気の通り道をなぞってみましょう。

板書例

〔問題〕　どのようなつなぎ方をすると，
　　　　　　電気が流れて明かりがつくのだろうか

**1**　問題１

どう線の長さがちがっていても，明かりはつくだろうか

よそう１　ア. つく（　　　）人
　　　　　　　　・長くても「わ」が
　　　　　　　　　できているから

　　　　　　イ. つかない（　　　）人
　　　　　　　　・どう線が長いから
　　　　　　　　・長さがちがうから

じっけん１
図①

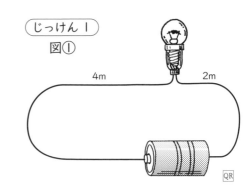

4m　　　　　2m

けっか１
明かりはついた ⇐ 電気は流れた ⇐ 回路

POINT　前時での既習事項を活かし，明かりがつく繋ぎ方か，そうでない繋ぎ方なのか考えるよう促すとよいでしょう。

---

**1**　長さの違う導線でつなぐと，豆電球に明かりはつくのかを予想し，実験で確かめる

T　1つ目の問題です。まず，乾電池と豆電球を離して，その間を長い導線でつなぐと，豆電球に明かりはつくでしょうか。（図①を提示）

　　予想させ，できれば理由も書かせて話し合う。

T　「つく」と思った人，考えを発表しましょう。
C　線が長いけれど，途切れずつながっているので，電気が流れて明かりもつくと思います。
C　線をたどると，乾電池と豆電球が導線でつながって輪になっているからです。
T　では，反対に「つかない」と思った人は？考えを発表しましょう。
C　導線が長いから，電気は届きにくいと思ったからです。
C　電気が同時に届かないからつかないと思ったからです。
T　実験して結果を確かめましょう。

　　教師実験で，点灯することを確かめ合う。

**2**　問題2のつなぎ方で，豆電球に明かりはつくのかを予想し，話し合う

T　図のようにソケットの2本の線を，別々に2個の乾電池の＋極と－極につないだとき，豆電球はつくのでしょうか。（図②を掲示）
T　図をかいて，予想とそのわけを書きましょう。

　　書かせたあと，予想とその理由を発表させる。

C　明かりは「つく」と思います。それは，2つの線は＋極と－極につながっているので，そこから＋と－の電気が出ていると思うからです。
C　2つの乾電池が下の方でつながっていないところがあるから「つかない」と思います。
C　「輪」になってないから電気は流れません。

【児童の考えと電気の衝突説】
児童には，「乾電池の＋極と－極から＋と－の電気が出て，豆電球のところでぶつかって明かりがつく」という考えがある。いわゆる「電気の衝突説」とも言える素朴概念である。（問題2）の課題は，その考えの誤りに気づかせ，「回路」という見方に目を向けさせる意味がある。

| 準備物 | ・ソケット付き豆電球1つ<br>・乾電池2個　　　・セロハンテープ<br>・導線（グループ数）　・長い導線2本 | ICT | 意見を集約できるアプリ（ミライシードなど）を使用し，明かりがつくかつかないか予想を送らせてもよいでしょう。 |  |
|---|---|---|---|---|

**QR**

・画像

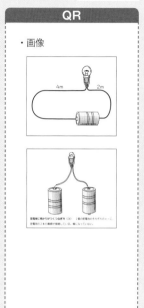

**2**
**3**

（問題2）

図②のようにつないだとき，
豆電球に明かりはつくだろうか

（よそう2）ア．つく（　　）人

・＋きょくと
－きょくに
つながっているから

イ．つかない（　　）人

・全体の線がつながって
いないから
・「わ」（回路）になっていないから

（じっけん2）

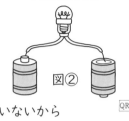

図②

（けっか2）

回路ができていないので
明かりはつかない ＝ 電気は流れない

**4**

〔まとめ〕どう線の長さがちがっていても
回路ができると電気は流れて，明かりがつく
回路ができないと電気は流れない　明かりもつかない

---

**3** 実験を見て，明かりはつかないことを
確かめ，そうなったわけを話し合う

T　どちらが正しい考えなのか，実験してみましょう。
このつなぎ方で，豆電球に明かりはつくのか確かめ
ましょう。

　　教師実験（または2人組など）で確かめる。

C　つかない。＋と－につないでいるのに…。

C　やっぱり，離れたところがあると，電気も流れな
いみたい…だからつかないんだ。

C　輪になっていないと電気も流れないから…。

T　結果は，明かりは「つかない」でしたね。

T　では，この離れたところ（部分）を導線でつなぐと，
豆電球にも明かりがつくでしょうか。

C　つなぐと輪になるから，つくかも…。

T　では，つないでみましょう。

C　明かりがついた！

C　輪になると電気も流れた。

　　※線でつながず，乾電池をつなげても明かりはつく。

**4** 【お話】を聞き，明かりがつくつなぎ方
と回路のまとめをする

以下のお話を聞かせ，回路についてまとめる。

【お話】－豆電球に明かりがつくとき－

　乾電池には，電気の入り口と出口があります。
通り道ができると，電気は乾電池の出っ張った
方のプラス極（＋極）から出て，平らな方のマイ
ナス極（－極）に流れます。そして，電気が
豆電球の中にある細い線（フィラメントという）
を通るとき，フィラメントが明るく光るのです。
乾電池から出る電気は，通り道が1つの輪のよ
うになっていないと流れません。この「輪」の
ような電気の通り道を「回路」といいます。

　導線が切れていたり，乾電池から外れていた
り，豆電球が緩んでいたりすると，電気は流れ
ません。それは，回路（通り道）がそこで切れて，
つながっていないからです。そして，電気が流
れないと，豆電球には明かりはつかないのです。

板書例

〔問題〕　豆電球やソケットのつくりをしらべ，
　　　　　どんな回路のしくみで明かりがつくのだろうか

**1**　〈ソケットのつくり〉

（カバーをはずすと）

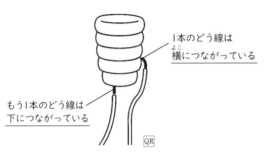

1本のどう線は
横につながっている

もう1本のどう線は
下につながっている

QR

どう線はソケットの
下と横につながっている

**2**　〈豆電球のつくり〉

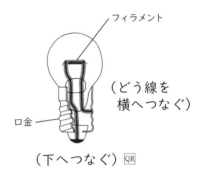

フィラメント

（どう線を
横へつなぐ）

口金

（下へつなぐ）QR

フィラメントは口金の
下と横につながっている

(POINT)　豆電球とソケットのイラストで電気が通る道を指で辿らせ，豆電球がゆるんでいると，回路が切れてしまうことに

## 1　導入「豆電球がゆるんでいると明かりはつかない」→ソケットのつくりを調べる

T　豆電球のついたソケットと，乾電池があります。2本の導線を乾電池の＋極と－極につなぐと，明かりはつくでしょうか。

C　電気が流れて明かりもつくと思います。

T　では，やってみます。（実験）つきませんね。（点灯しないことを見せる）豆電球がつかなかったのは，どうしてでしょうか。

C　豆電球がゆるんでいるのかな？

T　しめてみましょう。（豆電球を回すと点灯）

T　豆電球がゆるんでいると，どうしてつかないのか調べてみましょう。ここに，ソケットのプラスチック部分を外したものがあります。導線は口金の部分のどこについていますか。

C　下と横，別々のところについています。

　　※ソケットの下の穴から割り箸を入れ，かるくたたくと透明の部分は外れる。

## 2　豆電球のつくりを調べて，電気の通り道を確かめる

T　透明の部分を外したソケットに，豆電球を入れて明かりをつけてみましょう。

C　明かりがつきました。

T　ソケットの導線は，豆電球のどこにつながっているのでしょうか。

C　底の出っ張りと，横のネジのところです。

C　そこから電気が流れるみたいです。

T　では，豆電球の光る部分（フィラメント）まで，電気はどこからどうやって流れるのか，豆電球の口金を外したものを見てみましょう。

C　細い線が2本，のびています。

T　この2本は，口金の下と横につながっているのです。図に描いてみます。（板書する）

　　児童にも教科書の図を参照し，豆電球の中の線の様子を絵で描かせ，その絵の電気の通り道を指でたどらせる。

**3** ［ソケットなしで明かりをつけるつなぎ方］

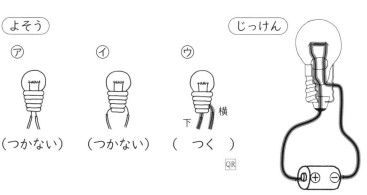

よそう

㋐ （つかない）　㋑ （つかない）　㋒ 下 横 （　つく　） QR

じっけん

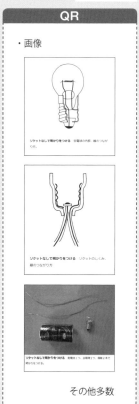

回路ができている QR

**QR**

・画像

ソケットなしで明かりをつける　豆電球の内部，線のつなぎ方。

ソケットなしで明かりをつける　ソケットのしくみ。線のつなぎ方

ソケットなしで明かりをつける　乾電池1つ，豆電球1つ，導線2本まで明かりをつける。

その他多数

**4** ［まとめ］

・豆電球の口金の下と横につなぐと
　電気の通り道（回路）ができる
・回路ができるので明かりはつく

気づかせましょう。

---

## 3 ソケットなしで豆電球に明かりをつけるには，導線を豆電球のどこにつなぐか考える

T　豆電球の中の線の様子から，フィラメントまでの電気の通り道がわかりました。電気の入り口と出口もわかりました。

　　指名して，黒板の図で指しに来させるとよい。

T　では，ソケットを使わずに豆電球に明かりをつける方法を考えてみましょう。2本の導線のはしを豆電球のどこにつなぐと明かりをつけることができるでしょう。

T　導線を豆電球につなぐのは，3秒以内です。明かりがつかなかったら，他のやり方でやってみましょう。（ショート回路になることもあるので，長時間つないで熱くならないようにする。教師実験でもよい）

　　※ここでは，乾電池ボックスを使うこともできる。

T　明かりがつくつなぎ方ができたら，図に描いておきましょう。

## 4 明かりがついたときのつなぎ方について話し合い，回路をたどって確かめる

T　明かりがついたのは，㋐，㋑，㋒の図のうち，豆電球のどこに導線をつけたときでしょうか。（板書参照）

C　㋐のようにつなぐとつくと思ったけれど，明かりはつかなかった。

C　㋒のように豆電球の下と横につないだとき明かりがつきました。

T　㋒のようにつなぐと明かりがついた，ということは，電気が流れたのですね。図で，電気の通り道をたどってみましょう。（黒板の図で回路を確かめ，ノートにも図を描かせ赤でたどらせる）

T　豆電球がゆるむと，明かりがつかないわけはわかりましたか。

C　豆電球がゆるむと，豆電球の底が導線と離れてしまって，電気が流れなくなるからです。

# 電気を通すものと通さないものを見分けよう

板書例

[問題]　どんなものが電気を通すのだろう

**1** [問題]

⑦と⑦の間にものを入れて明かりがつくか調べよう

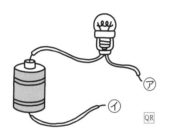

QR

**2** [はり金]は，電気を通した
　　[ くぎ ]は，電気を通した
　　↓（ざいりょう）は同じ

| てつ | は，電気を通す

・[鉄・アルミニウム・どう]は，電気を通す
　　　金ぞく

・[木・ぬの・プラスチック]は，通さない
　　金ぞくでないもの

(POINT) 意見を集約できるアプリを使用して，児童の認識を把握し，全員が理解できている物は教師が前で演示実験しても

**1** 導線の間に，布ひもや針金，鉄の釘を入れると明かりがつくのか，調べてみる

T　図のように，⑦と⑦の間が離れています。豆電球に明かりをつける方法はありませんか。

C　⑦と⑦をつなぐとつくと思います。

T　やってみましょう。つきますね。では，⑦と⑦を離したままで，その間に何かをはさんでつけることはできないでしょうか。

C　導線を入れてつなぐとつきます。

T　入れてみましょう。(点灯を確認)では，このひも(布)を入れてつなぐと豆電球はつくかな。

　　実験し，つかないことを確かめる。

T　次は，針金でつなぐとつくでしょうか。

　　予想させ，実験で点灯を確かめる。

T　釘でつなぐと明かりはつくかな。

C　釘は固いから…，つかない。

C　針金と同じ材料みたいだから，つく。(実験で点灯を確かめる)

**2** 電気を通すもの，通さないものは何かを，材料に目を向けてまとめる

T　豆電球に明かりがついたことから，『針金(鉄)や釘は電気を通す』といえるでしょうか。

C　電気が流れないと明かりがつかないのだから，針金も釘も電気を通したといえます。

T　では，電気が流れた針金とは，何でできているのでしょう。

C　どちらも金物です。鉄かな？

T　そう，どちらも鉄でできています。ということは，『鉄は電気を通す』といえますね。

T　では，ひも(布)は電気を通すといえますか。

C　ひもは電気を通しません。

T　ひもは何でできているかを考えていうと？

C　『ひもは布だから電気を通さない』といえます。

　　くらしの中で，児童は「釘」や「ひも」などと，物を「物品」としてとらえている。ここで材料としての「物質」に気づかせる。

**3**

| 調べる<br>もの | 何で<br>できているか | 予想 | 電気を<br>通すか |
|---|---|---|---|
| ひも | ぬの | × | × |
| はり金㋐ | 鉄 | ○ | ○ |
| はり金㋑ | アルミニウム | △ | ○ |
| はり金㋒ | どう | △ | ○ |
| くぎ | 鉄 | ○ | ○ |
| アルミはく | アルミニウム | ○ | ○ |
| じょうぎ | プラスチック | ○ | × |
| わりばし | 木 | × | × |
| ノート | 紙 | × | × |
| わゴム | ゴム | × | × |

QR

**4** 〔あきかん〕は?

とりょうを
はがすと
通る
（アルミニウム）

よいでしょう。

## 3 材料は, 何でできているのかを考えて, 電気を通す物, 通さない物を調べる

T 物には『電気を通す物』と『通さない物』があるようです。どんな物が電気を通し, どんな物が通さないかを調べましょう。（表を提示）

T まず, この針金は, 前の針金とは違ってアルミニウムという物でできています。電気を通すでしょうか。（予想を話し合い, 実験する）

C 明かりがつきました。電気を通しました。

T 先生が用意した物がいくつかあります。それぞれの物が, 「何で」できているのかも考えて, まず予想しましょう。

　表（板書参照）に予想を書き込ませる。「銅」など, 材料（物質名）がわからない物は, 教師が教える。

T 電気を通すか通さないか確かめましょう。

　表の順にグループ実験で確かめさせる。

T まとめると, どんな物が電気を通しましたか。

C 鉄, 銅, アルミニウムでできた物です。

## 4 電気を通す「金属」を知り, 空き缶は, 電気を通すのか確かめる

T 鉄, 銅, アルミニウムをまとめていう言葉があります。それは『金属』という言葉です。この紙やすりで磨くと…（磨いてみせる）光ります。金属のなかまは, 電気を通します。また, 磨くとぴかぴか輝いた色になるのです。

T では, 空き缶は電気を通すでしょうか。缶には, アルミと書いてあります。実験してみましょう。（結果, 電気は通らない）

T では, この空き缶は『アルミ』なのに電気を通さなかったのはどうしてでしょうか。

C 何か塗られていてアルミが隠れているから。

T 隠れたアルミニウムを見つけるのに, 紙やすりを使います。磨いてみましょう。

C 磨くと銀色が出てきた！電気も通しました。

T 缶の塗料で隠れていたアルミニウムを出してやると, 金属だから電気を通しました。

# 電気を通すものと通さないものを調べよう

板書例

〔問題〕　どんなものが電気を通すのだろう

**1** テスターを使って調べる

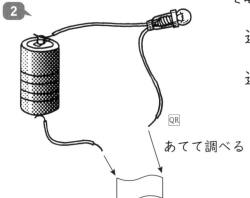

**2**

〔電気が〕　　　　〔明かりは〕

通ると　　　⇒　つく

通らないと　⇒　つかない

あてて調べる

POINT　意見を集約できるアプリを使用して, 児童の認識を把握し, 全員が理解できている物は教師が前で演示実験しても

## 1 ネコの鈴が光るテスター（試験器）を使って, 電気を通すもの, 通さないものを見分ける

T　釘や針金の他に, 電気が通るものを調べましょう。電気が通るとネコの鈴が光る道具があります。

T　（テスターを見せて）これは動物テスターです。電気を通すかどうかを調べることができます。まず, このアルミ箔は電気を通すのかどうかを調べてみましょう。ネコの2本の手の先（導線の先）をアルミ箔に当てると…

C　鈴に明かりがついた。電気が通ったよ。

C　アルミ箔はアルミニウムで金属だから。

T　ではこのガラスびんは, どうでしょうか。このテスターで調べましょう。（演示実験）

C　明かりがつかない。電気は通らない。

C　ガラスは…電気を通しません。

　ペットボトルなど, 他のものも試して見せてもよい。テスターで調べることに関心を持たせる。

## 2 動物テスターを作る（猫なしでもよい）

T　では, テスターを作ってみましょう。

　中身の回路部分だけでも金属さがしはできる。時間に応じて動物の箱づくりは省くこともできる。

〈動物テスターの作り方〉

入れ物を作る。
①牛乳パックを半分に切り, ネコなどの絵を描いて切って貼る。
②ネコの鈴の位置のところに, 豆電球が入るあなを開けておく。

調べるための回路を作り, 箱に入れる。
③ソケット付き豆電球を, ネコの鈴のあなに入れる。
④導線の端⑦, ⑦を箱のあなから出す。
⑤図のように, 乾電池, ソケット導線をつないでセロテープでとめる。

　ものづくりでは, 友だちどうしの教え合いも促す。

T　できた人から, 身の回りのものに導線の先を当てて電気を通すかどうか調べてみましょう。

C　下敷きは通さないな。プラスチックだから。

**QR**

・画像

その他多数

**3** じっけん

## テスターを使って調べる

| もの | ざいりょう | よそう | けっか | 金ぞくかどうか |
|---|---|---|---|---|
| アルミはく | アルミニウム | ○ | × | ○ |
| 1円玉 | アルミニウム | △ | ○ | ○ |
| 10円玉 | どう | △ | ○ | ○ |
| はさみのは | 鉄 | △ | ○ | ○ |
| びん | ガラス | △ | × | × |
| てつぼう | 鉄 | ○ | ○ | ○ |

**4** 〔まとめ〕「ぴかぴか金ぞく　電気を通す」

・電気を通すものは金ぞく…鉄，どう，アルミニウム

・金ぞくは，電気を通す

・金ぞくでないものは，電気を通さない

よいでしょう。

---

### 3　硬貨は電気を通すか通さないかを調べ、他のものも電気を通すかどうか調べてみる

始めに金属の代表ともいえる硬貨を調べる（児童には、1，5，10円玉を、教師実験で100円玉など）

T　始めに1円玉は電気を通すのかどうか、予想して調べてみましょう。

C　1円はいちばん小さなお金だから通さない。

C　通すと思います。1円玉もアルミ箔と同じアルミニウムでできていると思うから。

T　テスターで調べてみましょう。

　　1円玉から順に調べる。硬貨はすべて金属でできていて電気を通すことを確かめ合う。

T　次は、教室の中から、調べるものを探して調べてみましょう。調べたものは、表に記録しておきましょう。（板書参照）

C　はさみの刃を試してみよう。

T　（時間に応じて）教室の外のものも調べてみましょう。

### 4　電気を通すものはどんなものかをまとめる　『ぴかぴか金属電気を通す』

T　まず、電気を通したものと、それが何でできているか、その材料を発表しましょう。

　　材料について誤りがあれば教師が訂正していく。

C　はさみの刃のところは、電気を通しました。鉄でできていると思います。（ステンレスもある）

T　反対に、電気を通さなかったものは？

C　服、消しゴム、石ころ…いっぱいあった。

T　電気を通すいろんなものが見つかりました。材料の名前でまとめるとどんなものでしたか。

C　鉄棒とか、クリップとか鉄だと思います。

C　10円玉は銅、1円玉はアルミニウムでした。

T　これらは磨くとぴかぴか光ります。まとめていうと？

C　鉄も銅もアルミニウムも、金属です。

　　例外もあるが、まずは『ぴかぴか金属電気を通す』とまとめる。家庭でも調べてみようと呼びかける。

# 明かりのつくおもちゃを作ろう
## （ものづくり・理科工作）

**板書例**

## ㋳　明かりのつくおもちゃを作ろう

**1** 〈テスターを使って調べよう〉

・豆電球を使う

・どう線をつなぐ

・スイッチもつける

　（ついたりきえたり）

**2** 〈スイッチ〉

アルミはく

⊕

⊖

〈どう線のつなぎ方〉

① ねじって

② ねじり合わせる

電気を通す

通さない

③ ねじり合わせたところに
　セロテープをまく

POINT　先におもちゃのイラストを児童に見せ，作るために必要な技術や工夫を考えさせましょう。

---

## 1　豆電球を使ったおもちゃの見本を見る　導線どうしをつないでみる

T　今日は，明かりのつくおもちゃを作ります。例えばこんなものができます。

　灯台，スタンド，ヘッドライト，信号など教科書記載のおもちゃなどからいくつか紹介して見せる。

T　（灯台のおもちゃを見せて）この灯台の下にスイッチがあります。押すと明かりがつきます。離すと消えます。導線がどうつながっているかわかりますか。黒板にかきにきてください。

　児童に前で描かせる。

T　灯台の上までは，導線をつないでいますね。おもちゃ作りでは導線をつなぎます。導線のつなぎ方を教科書で見てみましょう。

C　導線の皮をむいて，ねじり合わせます。

T　やってみましょう。(板書参照)

## 2　スイッチのしかけを調べてみる

T　お家で明かりをつけたり消したりするときに使うもの，押すものは何ですか。

C　スイッチです。

T　スイッチの作り方を教科書で調べましょう。

　作り方と材料を教科書で確認する。

T　これは，先生が作ったスイッチです。

　教科書などの基本的なスイッチを紹介し，つないで付けたり消したりして見せる。作って見せてもよい。

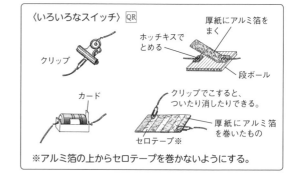

〈いろいろなスイッチ〉 QR

厚紙にアルミ箔をまく

ホッチキスでとめる

クリップ

段ボール

カード

クリップでこすると，ついたり消したりできる。

セロテープ※

厚紙にアルミ箔を巻いたもの

※アルミ箔の上からセロテープを巻かないようにする。

| 準備物 | ・豆電球/ソケット/導線（1mくらい）<br>・乾電池ホルダー　・セロテープ　・両面テープ<br>・アルミはく(薄いアルミ板も可)　・厚紙など<br>・(工作物に応じて) 空き箱やラップの芯 |

| ICT | おもちゃ作りの例を送り，おもちゃ作り<br>への意欲を高めましょう。 |

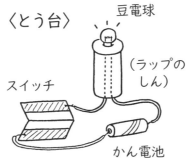

〈とう台〉

豆電球

おすと電気が流れる<br>（はなすと）（流れない）

スイッチ

（ラップの<br>しん）

おすと

くっついて<br>電気が流れる

かん電池

**QR**

・動画<br>「アルミはくを使った<br>　スイッチ」

・画像

その他多数

**3**
**4** 〈作るおもちゃを1つえらんで作ろう〉

とう台　　　電気スタンド　　　ヘッドライト<br>自動車　　　おうち　　　　　しんごう　　　　ほか

---

## 3 友だちどうしで教え合いながら，おもちゃを作ってみる

T　では，3つの中から選んで作りましょう。

　『ものづくり』では，どの児童も完成できることがまず大切。その点，作るおもちゃは自由に作らせるよりも，児童の実態に応じて，作りやすいものをいくつか（3つくらい）決めておくとよい。その中から選ばせた方が成功しやすく，また個別の指導も容易になる。教科書の作例も参考にできる。（市販教材を使うことも，1つの選択肢）

T　明かりをつけたり消したりするためのしかけ（スイッチ）を入れてみましょう。

　ヘッドライト，灯台，スタンドなどが作りやすく，児童にも人気がある。材料は各自に準備させておく。

〈おもちゃの例〉<br>（めいろ）　　　　　（ヘッドライト）

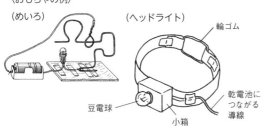

輪ゴム

豆電球<br>小箱

乾電池に<br>つながる<br>導線

## 4 できたおもちゃを見せ合い，感想を話し合いまとめる

T　おもちゃができたら，となりの人やグループで見せ合いましょう。明かりがついたり消えたりするかどうか，スイッチを押して確かめてみましょう。（点灯するか確かめ合わせる）

T　みんなの前でも<br>見せて紹介してく<br>ださい。

C　私はスタンドを<br>作りました。初め<br>はスイッチを押し<br>ても明かりがつき

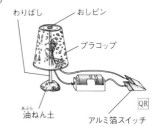

わりばし<br>おしピン<br>プラコップ<br>油ねん土<br>アルミ箔スイッチ

ませんでした。友だちが，「アルミ箔の上からセロテープを巻かないようにしたら」と教えてくれたので作り直すとうまくつきました。

T　自分でスイッチを直せたところがいいですね。次の人，発表してください。

　発表の後は，「おもちゃ作りのことを日記にも書いておこう」などと呼びかけるとよい。

## 〈資料〉1「金属って何？」─ 金属の３つの特性を　とらえよう ─

### ◇ 金属の３つの特性

　「電気の通り道」で学習したことは，「回路」ともう１つ，「金属は電気をよく通す」物質だ，ということでした。本単元で調べた銅，鉄，アルミニウムを始め，金や銀など全ての金属は，「電気の良導体」といえます。例外もありますが，小学生の段階では，「電気を通すものは金属だ」というとらえでよいでしょう。

　他にも，金属は「重い（密度が大きい）ものが多い」，「熱をよく伝える」などの，共通する性質を持っています。特に知っておきたいのは，金箔のように「たたくと延びる，広がる」性質があり，また，磨くときらきら輝き，特有の「金属光沢を持つ」ということです。金属の特性として，「電導性」とあわせて，この「展性・延性」と「金属光沢」についてもとらえておくと，「金属とは何か」という金属の概念が，より確かなものとなります。そして，この３つの特性は，ある物質が金属か金属でないかを見分ける観点にもなります。例えば，フェライト磁石のフェライトは，磨いても光らず，たたくと砕け，電気も通さないので，金属とはいえず，金属でない（非金属）物だとわかります。
実際の活動としては，次のような２つが考えられます。理科にかぎらず，「総合」などの時間を「ものづくり」として活用してもよいでしょう。３年でなくとも，高学年の児童にも合う，手を使った楽しい活動になります。

### 1 金属をたたいて，金属は延び広がることをとらえる

　用いる金属としては，比較的やわらかい銅かアルミニウムの，太めの番線（針金）１０～１５cmがよいでしょう。金床の上に置き，端を手で持って金づちでたたくと，つぶれて広がっていきます。また，
１センチくらいに切った粒状の銅やアルミニウム，
魚釣りのおもり（鉛）などを金床の上に置いて，た
たいても薄く広がります。なお，鉄は硬くて，たた
いてもなかなか延びてくれません。

　ここでは，保護めがねを着用させることも，大切
な安全指導事項です。

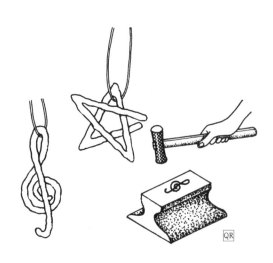

### ② 金属をみがいて，金属はみがくとかがやくこと（金属光沢がある）をとらえる

　児童は，案外，金属の本当の色を知りません。「鉄の色は黒」と思っている児童も少なくありません。金属の色は，銅の色や金色を除けば，多くは鉄のように磨けば銀色になります。しかし，ふだん目にする金属は，鉄を始め多くは表面がさびにおおわれています。ですから，ふつう金属そのものの色，輝きが見られるのは，研がれた包丁などの表面や，金，プラチナなどさびない貴金属，そしてステンレスです。銅もアルミニウムも，表面はさびています。ですから，金属の本当のすがた（顔）を見るには，紙やすりなどで表面を磨き，さびを取り除く必要があります。

　そこで，金属は磨けばかがやくという特徴から，本当の色，姿を知る活動として，「金属磨き」があります。下の図のように，あきビンのふたを，徐々に目の細かい紙やすりに変えては磨いていきます。仕上げに仏具磨きに使う「金属磨き」（商品名：「ピカール」など）で磨くと，かなりピカピカになります。また，ホームセンターなどでは，径5㎝くらいの銅板か黄銅（真ちゅう）板が手に入ります。銅や黄銅は，輝きの強い金属です。また，これらは磨きやすく，「金属磨き」で磨くだけで，銅や黄銅本来の光沢が出て，顔が映るほどになります。ただ，時間と根気も必要です。児童の活動が難しければ，先生が磨いた金属板を見せるだけてもよいでしょう。なお，「金属磨き剤」使用後は，十分な手洗いをさせます。

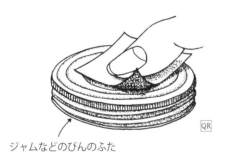

ジャムなどのびんのふた

① 金属のふたや空き缶をサンドペーパーなどで磨く。
② 金属光沢が現れる。

〈磨き剤〉
ピカール®（製品名）などの金属磨き剤でこすると，さらに金属光沢がきれいに現れる。

（使用後、児童には十分な手洗いをさせる）

## 〈資料〉2　電気の通り道 = 回路づくりで気をつけたいこと

**1 「ショート回路は危険です！！」**

　児童に，乾電池と豆電球，導線を渡し，それらをつないで点灯させてみようと呼びかけることがあります。すると，中には下の図のようなつなぎ方をして導線が熱くなり，驚くことがあります。よく見ると，これらは乾電池の＋極と－極を導線で直接つないだ形になっています。このつなぎ方をショート回路（短絡という）といい，このまま電流を流し続けると導線が熱くなり，たいへん危険です。電気を扱う上で，してはいけないつなぎ方なのです。

**①　児童がしそうなショート回路** [QR]

**②　なぜショート回路が危険なのか，そのわけは？**

　上の図のようなショート回路ができてしまうと，電気は豆電球の方へは流れず（豆電球などは，電気が流れにくいところになる），電気抵抗が小さい導線のところを流れます。つまり，電気は導線の方に『近道』してしまうのです。導線の抵抗はほとんど無いので，電気はどんどん流れます。そして，大量の電気が流れると，ふつうは発熱しない導線や乾電池も熱くなり，こげるようなことも起こります。また，乾電池はすぐに消耗してしまいます。

　なお，家庭でも，コンセントやプラグ，コードや家電の損傷などによって，ショート回路ができてしまうことがあります。しかし，そんなときには安全装置がはたらいて，すぐに電気は流れなくなるようになっています。

② 乾電池の扱いで，してはいけないこと

　３年生では扱いませんが，３個以上の乾電池を使うとき，誤って図のようなつなぎ方をしてしまうことがあります。つまり，一部の乾電池の極（＋と－）が逆になっているのですが，このようなつなぎ方でも，使用機器は動作することがあります。しかし，極が逆になっている乾電池には通常と逆向きに電気が流れ，異常な化学反応が進み，破裂や液漏れを起こすことがあります。複数の乾電池を使うときには，極の向きに気をつけて使うようにします。

〈してはいけないつなぎ方の例〉

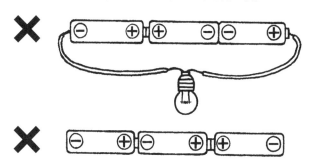

③ 乾電池の取り扱いで，気をつけること

　かい中電灯や時計など，家庭には乾電池を電源とする電気器具が多くあります。電気器具をうまく使っていく上で，乾電池の正しい使い方を伝えることも，くらしと理科をつなぐ学びといえるでしょう。

① 　長期間，乾電池を使わないときは，使用機器からとり出しておきます。

　使わない機器に，乾電池を入れたままにしておくと，乾電池は過放電してしまいます。すると，徐々に乾電池の容器も侵され，ついには穴が開いて液漏れがおこることがあります。

② 　マンガン乾電池とアルカリ乾電池は，いっしょに使いません。

　マンガン乾電池とアルカリ乾電池のように，性能や種類の異なる乾電池をいっしょに使うと，アルカリ乾電池の使える時間が短くなり，不経済です。また，グレードの低い乾電池の液漏れや破裂の原因になることもあります。

③ 　新しい乾電池と古い乾電池は，いっしょに使いません。

　この２つをいっしょに使うと，古い乾電池の影響で新しい乾電池が使える時間は短くなり，不経済です。また，古い乾電池が液漏れを起こすことがあります。

# じしゃくのせいしつ

全授業時数8時間＋広げよう1時間

## ◎ 学習にあたって ◎

### ● 何を学ぶのか

　　今日，磁石は様々なところで使われています。児童も，磁石に触れたり使ったりした経験は持っています。しかし，「磁石は，いろんなところにつく」くらいの認識で終わっていることが多く，『極』をはじめ，磁石に関わる知識が身についているわけではありません。経験と知識は別物です。そこで，本単元では次のような磁石の持つ基本的な性質について順序よく学んでいきます。

- ・磁石は鉄を引きつける（磁石と鉄は引きつけ合う）こと。また，その引きつける力は，離れていても働くこと。
- ・磁石には，鉄を引きつける力の強いところが両端にあり，そこを「極」ということ。
- ・極には，N極とS極があり，同じ極は退け合い（押し合い）（反発し合い），異なる極どうしは引き合うこと。
- ・自由に動くようにした磁石は，やがて，N極は北，S極は南を指して止まること。（北をさす極がN極といえる）
- ・磁石についた鉄や，磁石の近くに置いた鉄は，磁石になること。

　　そして，もう1つの学習内容は，磁石を使うと「鉄」を見つけ出せることです。『電気の通り道』の学習では，『金属』という『物のなかま』があることを知りました。ここでは，磁石を通して，缶や針金などの物品から，鉄という『物質』が見えてきます。いろいろな物を『物質の目』で見ることは，科学的な物の見方の始めともいえます。

### ● どのように学ぶのか

　　磁石のもついろいろな性質は，実験や観察を通して確かめていきます。その一方で，事実を言葉とつなぐことを大切にします。「極」や「N極」「S極」「退け合う」などの特別な言葉も，極どうしが引き合ったり押し合ったりする様子と結びつけて，その意味をとらえさせます。文にまとめることも，大切な学びです。また「磁石を使った鉄さがし」は，児童が磁石を手に，身の回りの物に働きかけるという主体的な学習活動になります。

### ● 留意点・他

　　個々の活動を生かすためにも，それなりの磁力を持つ磁石を，1人ずつに持たせるとよいでしょう。また，今ではアルニコ磁石など強い磁石もあり，磁力を体感しやすくなっています。授業の各場面に応じて，演示教具として活用もできます。

## ◎ 評　価 ◎

| 知識および技能 | ・磁石の性質として，次のようなことがわかる。<br> - 1つの磁石には，磁力の強いところが両端にあり，そこを「極」ということ。<br> - 磁石の極にはN極とS極の2つがあり，極どうしを近づけると，異なる極は引き合い，同じ極は退け合うこと。<br> - 水にうかべるなど，磁石を自由に動けるようにすると，N極は北，S極は南の方位を指して止まること。<br> - 磁石に付けたり近づけたりした鉄は，磁石になること。<br>・磁石は鉄を引きつけることがわかり，そのことを使って，くらしの中から鉄でできた物を見つけることができる。<br>・磁石の性質を使ったおもちゃを作ることができる。 |
|---|---|
| 思考力，判断力，表現力等 | ・「鉄さがし」や「おもちゃづくり」など，磁石を使った活動に，進んで取り組める。<br>・磁石の性質について，わかったことを発言したり，文章に書きまとめたりすることができる。 |
| 主体的に学習に取り組む態度 | ・友だちとも協力して，進んで実験や観察ができている。 |

## ◎ 指導計画 8時間＋広げよう1時間 ◎

| 次 | 時 | 題 | 目標 | 主な学習活動 |
|---|---|---|---|---|
| 磁石につく物 | 1 | しじゃくについて調べよう | 磁石にふれたり使ったりしながら，磁石には，つくものとつかないものがあることに気づく。 | ・磁石を使った自由な活動を通して，気づいたことや疑問などを発表し，話し合う。 |
| 磁石につく物 | 2・3 | しじゃくにつくものを調べよう | 磁石に引きつけられる物は，鉄でできている物であることがわかる。 | ・いろいろな物の材質に目を向け，磁石につくかどうか予想しながら調べ，結果からわかったことを発表する。 |
| 磁石につく物 | 4 | じしゃくの引きつける力について調べよう | 磁石の引きつける力は，ものが離れていてもはたらくことや，間にものが入ってもはたらくこと，また，ものに近いほど強くはたらくことがわかる。 | ・磁石を使ってクリップを宙づりにできるか試したりして，クリップと磁石の間に物を入れても磁力がはたらくかどうか調べる。 |
| 磁石の力と極 | 5 | じしゃくの引きつける力は，場所によってちがいがあるのか調べよう | 磁石の両端は鉄を引きつける力が強く，そこを極ということがわかる。 | ・磁石と小さなクリップなどを使って，磁石の磁力が強いところや弱いところはどこかを調べる。 |
| 磁石の力と極 | 6 | じしゃくのきょくどうしを近づけるとどうなるか調べよう | 2本の磁石の極を近づけると，違う極どうしでは引き合い，同じ極どうしでは退け合うことがわかる。 | ・動くようにした磁石の極に，もう一方の磁石の極を近づけて，磁石の動き方を調べる。 |
| 磁石の力と極 | 7 | じしゃくを自由に動けるようにすると，どのようになるのか調べよう | 自由に動くようにした磁石は南北を示し，北を指す方がN極，南を指す方がS極ということがわかる。 | ・棒磁石を水に浮かぶようにし，その動きや指す方向（方位）を調べる。<br>・方位磁針も鉄を引きつけるかどうか調べる。 |
| 磁石のはたらき | 8 | じしゃくにつけた鉄はどうなっているのか調べよう | 磁石につけた鉄や，磁石の近くに置いた鉄は磁石になることがわかる。 | ・磁石につけた鉄や，磁石の近くに置いた鉄が磁石になっているかを，方位磁針や砂鉄を使って調べる。<br>・鉄釘を磁石でこすっても鉄釘が磁石になるかを調べる。 |
| 磁石の利用 | 広げよう | じしゃくを使ったおもちゃを作ろう | 磁石の性質を利用した遊び道具（おもちゃ）を作ることができる。 | ・これまで学習してきた磁石の性質をふり返り，磁石を使った遊び道具（おもちゃ）などを作る。 |

注）第1時は磁石を使った自由な活動を通して，磁石に関わる体験や発見・気づきを増やす時間です。ここでの活動が，第2時以降の学習の下地にもなります。児童の実態に応じて2時間扱いとして十分に活動させるようにしてもよいでしょう。児童は磁石を使って身の回りのいろいろなものに働きかけ，いろいろな事実を見つけ出してくるでしょう。意欲や関心の高まりも期待できます。

# しじゃくについて調べよう

板書例

〔問題〕 **どんなものが，じしゃくに**
**引きつけられるのだろうか**

**1** 〈使われているところ〉

- ふでばこ，ランドセル
- メモをとめるマグネット

〈じしゃくとは〉

- ものを引きつける
- つかないものもある（紙）
- じしゃくとじしゃくもつく

**2** 〈調べてみたいこと〉

- どんなものがじしゃくに
  つくか

- じしゃくとじしゃくを
  近づけるとどうなるか

近づけてはいけないもの

・コンピュータ ・時計 ・カード
　　　　　　　　　　　　　など

POINT 磁石がついたものから共通点を見つけさせましょう。（ただし，鉄まで絞り込まなくてよいでしょう。）

## 1 磁石について知っていることを話し合う 磁石の種類について知る

T （磁石を見せて）これは何でしょう。
C 磁石です。
T 磁石はどんなところに使われていますか。
C 筆箱やランドセルの蓋を閉めるところです。
C 冷蔵庫に紙をはるのに使っています。
T 磁石とはどんなもので，どんなはたらきをするのか知っていることはありますか。
C いろいろなものを引きつけます。
C 鉄のものにつく。磁石どうしもつく。
C 磁石と磁石でつかないこともあったよ。

形や材質の違いで様々な種類があることも紹介する。QR

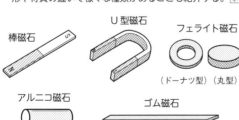

棒磁石　　U型磁石　　フェライト磁石
　　　　　　　　　　　　（ドーナツ型）（丸型）
アルニコ磁石　　ゴム磁石

## 2 磁石について調べてみたいことを 出し合い，取り扱い上の注意を知る

T 磁石を使って調べてみたいことがありますか。
C どんなものが磁石につくのか，どんなものがつかないのか，調べてみたいです。
C 磁石と磁石をくっつけたらどうなるか調べたいです。
T 磁石を近づけてはいけないものもあります。気をつけましょう。

〈磁石を近づけてはいけないもの〉QR

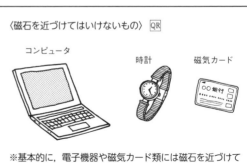

コンピュータ　　時計　　磁気カード

※基本的に，電子機器や磁気カード類には磁石を近づけてはいけない。

準備物
・棒磁石（各自）
・U 型磁石　　　・丸型磁石
・ドーナツ型磁石　・ゴム磁石

ICT
色々な物の画像を配り, 磁石につくもの
とつかないものに分類させましょう。

**3** 〈じしゃくにつくもの, つかないもの調べ〉

**4** ○ つくもの　　　　　✕ つかないもの

・黒板（こくばん）　　　　　　　　・まどのサッシ
・つくえ, いすのあし　　　・お金（10円玉, 1円玉）
・ロッカー　　　　　　　・ノート
・はさみのは　　　　　　・じょうぎ

・（じしゃくどうしはくっつくときと, くっつかないときが
　あった）

**4** ［まとめ］じしゃくにはつくものと, つかないものがある

（つくえなどの鉄の部分（てつ ぶぶん）やはさみなどは, じしゃくに
ついた。ガラスやお金や紙などはつかなかった。）

**QR**

・画像

いろいろな種類の磁石　いろいろな形の磁石を使って、磁石遊びをする。

磁石が使われているところ　磁石はどんなところで使われているだろう。
身の回りを見わたし、磁石を使ったところをさがそう。

その他多数

---

**3** 磁石を使って磁石につくものつかないも
のを調べ, 磁石どうしも近づけてみる。

T　では, 教室の中のいろいろなものに磁石を近づけ
　てみて, どんなものが磁石につくか調べてみましょ
　う。また, 磁石どうしを近づけたり離したりしてい
　ろいろ試してみましょう。

　　各自, 棒磁石を1本ずつ持たせ, 自由に活動させる。磁石
　どうしの引きつけ合いなどは, 友だちの磁石を使って2人で
　試すよう指示する。

C　黒板は磁石がついたよ。
C　窓のサッシは意外とつかなかった。
C　ノートも鉛筆もくっつかないよ。
C　机の脚もイスの脚もついたよ。

T　それでは, 気づいたことやもっと知りたいことな
　どをノートに書きましょう。

**4** 磁石のはたらきや性質について,
見つけたことを話し合う

T　調べてみて, どんなことに気づきましたか。発表
　しましょう。まず, 磁石につくもの, つかないもの
　で気づいたことは?
C　黒板や机の脚の鉄の部分にくっつきました。
C　窓ガラスは磁石にくっつきませんでした。
T　2つの磁石を近づけてみて気づいたことは?
C　磁石どうしはくっつくときとくっつかないときが
　ありました。
C　磁石どうしがくっつかないとき, 押し合って逃げ
　ていくように離れました。
T　調べてみて, こんなことを調べたい, 知りたいと
　思ったことはありませんか。
C　どんなものが磁石につくのかな。物にきまりがあ
　るか調べたいです。
C　磁石どうしはなぜくっつくときとくっつかないと
　きがあるのかを調べたいです。

# しじゃくにつくものを調べよう

磁石に引きつけられる物は，鉄でできている物であることがわかる。

板書例

〔問題〕 どんなものが，じしゃくに
引きつけられるのだろうか

**1** 〈5つの板（いた） 調（しら）べ〉

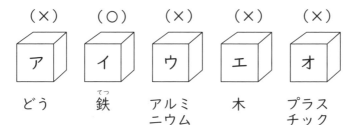

（×） （○） （×） （×） （×）

ア イ ウ エ オ

どう 鉄（てつ） アルミ 木 プラス
ニウム チック

よそう ○か×

けっか 鉄だけ
ついた

**2**

（わかったこと）

（ 鉄 ）は ⇔ じしゃくは（ 鉄 ）を
じしゃくにつく 引きつける

POINT 磁石につくものとつかないものに分け，磁石につくものは鉄でできていることを確認するとよいでしょう。

**1** 磁石についたものをふり返り，5種類の
もののうち磁石につくものを予想する

　前時で磁石についたもの，つかなかったものをふり返り，簡単に教師実験で確かめてみせる。

T　では，今日はどんなものが磁石につくのかを考えましょう。ここに5種類の板（または棒など）があります。（グループに配布）

T　まず，これらは何というものか，名前を確かめておきます。金属はどれかわかりますか。

C　アの銅，イの鉄，ウのアルミニウムの3つです。

C　エは木。オはプラスチック。

T　このアからオまでの5つのものは，それぞれ磁石につくでしょうか，予想してみましょう。

【鉄を見付けさせるのに，板（または棒など）を使うわけ】
児童は，ふつう「釘（空き缶）がついた」などと，物を品物として捉えています。しかし，物質としては『鉄』です。そこで，児童の目を品物から離れさせるため，品物ではないただの「板」を提示し，鉄という言葉（見方）に気づかせます。

**2** 『磁石につくものは鉄』だと確かめ，
アルミ箔や1円玉は磁石につくか考える

T　どれが磁石につくのか実験してみましょう。

　　グループで，磁石を使って確かめさせる。

C　木とプラスチックはつかなかった。

C　磁石についたのは，イの鉄の板だけでした。

C　アの銅板もウのアルミ板も磁石につかない。金属でも磁石につかないものがありました。

T　では，『磁石は（何）を引きつける』といえばよいでしょうか。

C　『鉄を引きつける』です。

T　磁石が引きつけるものは『鉄』だけでした。電気を通す銅もアルミニウムも，磁石にはつかないのです。（ここでは鉄だけとしておく）

T　では，アルミ箔，1円玉（アルミニウム），10円玉（銅），などはつくかな？

　　児童に予想させたあと，教師実験でどれも磁石につかないことを確かめる。（他の硬貨も同様に示す）

**3**

〈アルミはく, お金　調べ〉

　　　　　　　　　　　　　　　　　　　じしゃくに

・アルミはく　┐

・1円玉　　　┘　…（アルミニウム）→（つかない）

・10円玉　　　…（　どう　）→（つかない）

〈かん　しらべ〉

・じしゃくに<u>つく</u>のは　　　　・じしゃくに<u>つかない</u>のは

（　鉄　）の　　　　　　　　（アルミニウム）の

かん 　　　　　かん  ‖

　　　　　　　　　　　　　　　　　　　鉄でない

**4**

〔まとめ〕

じしゃくは 鉄を（<u>引きつける</u>）

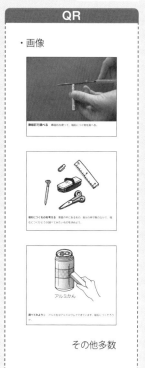

**QR**

・画像

その他多数

---

**3** アルミ缶と鉄（スチール）缶を, 磁石を使って見分け, 隠れた鉄やアルミを見つける

T　（2つの空き缶を見せて）この2つの缶は磁石につくのかどうか調べてみましょう。

　　教師実験で, 1つは磁石につき, もう1つは磁石につかないことを示す。

T　<u>どちらも缶なのに, どうして磁石につく缶とつかない缶があるのでしょう。</u>違いは何かな。

C　はじめの缶は, 色を塗ってあってわからなかったけれど, 鉄の缶だから磁石についた。

C　磁石につかなかった方の缶は, 鉄でない缶だと思います。アルミ缶かな。

C　缶に, 『アルミ』と書いてあります。

T　磁石を使うと, 色が塗ってあっても鉄の缶が見分けられます。『隠れた鉄』もあるのです。では, 紙やすりを使って,『隠れた鉄』『隠れたアルミニウム』の色を見てみましょう。

　　それぞれ紙やすりで磨き, 塗装下の色を確かめる。

**4** 『磁石は鉄を引きつける』とまとめる

T　わかったことを話し合いましょう。

C　<u>磁石につくのは鉄だけで, 他はつきません。</u>

C　クリップもはさみの刃も磁石についたから, どれも鉄でできているとわかって驚きました。

T　磁石に鉄がつくときは, どんなつき方でしたか。糊でくっつけるときみたいでしたか。

C　いいえ, <u>離れたところから引き寄せる感じ。</u>

　　『じしゃくは, 鉄を（　）』と板書し, （　）に入る言葉を考えさせ, 『<u>引きつける</u>』という用語が当てはまることを確かめ合う。

【深めよう】 －磁石を使って鉄を見つけよう・鉄さがし－

ここで, 磁石を使うと『鉄』という物質見つけられることを学びました。そこで発展として「磁石を使った鉄さがし」の時間を設けるのもよいでしょう。校内なら, 鉄棒や滑り台などの遊具, フェンス, 階段の手すりなどの鉄を見つけ, <u>くらしの中の鉄に気づかせます。</u>ただし, 家電や車など, 磁石を近づけてはいけないものも教えておきます。また, おもちゃなどを分解して, そこからの「鉄さがし」もできます。

## じしゃくの引きつける力について調べよう

板書例

〔問題〕　じしゃくは、はなれていても 鉄(てつ)を引きつけるのだろうか

**1**

じしゃく ⇒ じしゃく

はなすと

下へ ↓

じしゃくから クリップ（鉄）を 少し（5〜10mm）はなすと

⋮

はなれていても じしゃくは クリップ（鉄）を 引きつける （うく）

**2**

じしゃく

じしゃくから クリップを はなしていくと

⋮

クリップはおちる

⇑

［もっとはなれると じしゃくの力は 弱くなる］

---

**1 磁石とものとが離れていても磁石の力ははたらくか予想し，実験する**

T 糸をつけたクリップを磁石につけ，糸をゆっくり引っ張って，5〜10mmぐらい間をあけるとクリップはどうなりますか。

C 落ちてしまうと思います。

C 磁石の力で引きつけられたままかも…。

T 実験をしてみましょう。（グループ実験）

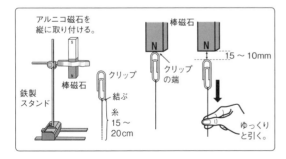

アルニコ磁石を縦に取り付ける。
鉄製スタンド
棒磁石
クリップ
結ぶ
糸 15〜20cm

棒磁石
N
N 5〜10mm
クリップの端
ゆっくりと引く。

実験でクリップが浮いたままだと確かめる。

T 磁石の力は，物との間が少しあいても引きつける力があることがわかりましたね。

**2 磁石とものの間をさらにあけると，クリップはどうなるかを予想し，実験する**

T 磁石に引きつけられて宙に浮いているクリップを，さらに少しずつ引っ張って間をあけていくと，どのようになると思いますか。

C 磁石の力が強いので，クリップは浮いたままだと思います。

C 間をあけていくと磁石の引きつける力が届かなくなるので，クリップは落ちると思います。

T 結果はどうなりましたか。

C 間を広げていくと，クリップは落ちました。

T 実験の結果，磁石の引きつける力は，磁石と物との間があくほど弱くなることがわかりましたね。

磁石が物を引きつける力は，物に近いほど強くはたらきます。

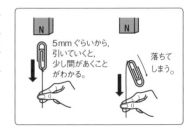

N N
5mmぐらいから，引いていくと，少し間があくことがわかる。
落ちてしまう。

| 準備物 | ・強力磁石（アルニコ磁石）・クリップ<br>・糸　・鉄製スタンド　・紙　・ポリ袋<br>・布　・ガラス板　・段ボール紙<br>・プラスチック板　・木の板 |

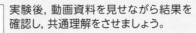

| ICT | 実験後，動画資料を見せながら結果を確認し，共通理解をさせましょう。 |

**3**

強いじしゃくとクリップの間にものを
入れても鉄を引きつけるか

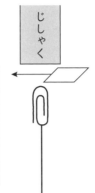

じしゃく

| 入れるもの | 予想 | けっか | 入れるもの | 予想 | けっか |
|---|---|---|---|---|---|
| 紙 | ○ | ○ | プラスチック | ○ | ○ |
| ビニール | × | ○ | ガラス | × | ○ |
| ぬの | ○ | ○ | 木のいた | × | ○ |
| ダンボール紙 | × | ○ | 手 | × | ○ |

**4**

〔まとめ〕
・じしゃくの力は（少し）はなれている鉄にもはたらく
・じしゃくと鉄の間に，もの（プラスチックや紙など）が
　入っていても，じしゃくは鉄を引きつける

**QR**

・動画
「じしゃくの引き
つける力」

・画像

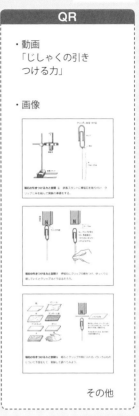

その他

**3** 磁石とクリップの間にものを入れると，
クリップはどうなるか予想し，実験する

T　磁石に引きつけられて宙に浮いているクリップと
磁石の間にいろいろな物を入れると，どのようにな
るでしょう。クリップが宙に浮いたままの物に○，
クリップが落ちてしまう物に×を，表に書きましょ
う。（グループ実験）

T　物を1つ1つ少しずつゆっくりと，磁石とクリッ
プの間に入れていきましょう。

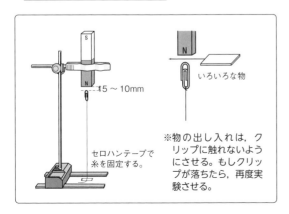

15〜10mm

セロハンテープで
糸を固定する。

いろいろな物

※物の出し入れは，ク
リップに触れないよう
にさせる。もしクリッ
プが落ちたら，再度実
験させる。

**4** 実験の結果とわかったことを話し合って
まとめる

T　実験の結果を，1つ1つの物について発表しま
しょう。（グループごとに発表）

T　磁石と磁石に引きつけられているクリップの間に
別の物を入れると，どのようになることがわかりま
したか。

C　いろいろな物を入れてもクリップが落ちないこと
がわかりました。

T　そうですね。磁石の力は，磁石と鉄の間に磁石に
つかない物をはさんでも同じようにはたらいて鉄を
引きつけることがわかりましたね。

C　磁石の力は他の物を通りぬけるみたいです。

〈クリップと磁石の間に入れてみる物の例〉

紙　　　ビニール　　プラスチック　　ガラス

布　　ダンボール紙　　木　　手

※手ができなかったら，強力磁石で演示実験をする。

## じしゃくの引きつける力は，場所によってちがいがあるのか調べよう

本時の目標　磁石の両端は鉄を引きつける力が強く，そこを極ということがわかる。

板書例

〔問題〕　じしゃくの引きつける力は，
　　　　　じしゃくの場所(ばしょ)によってちがいがあるのだろうか

**1** よそう1

| じしゃく |

強いところ　→　こく ぬる

弱いところ　→　うすく

力がない　　→　ぬらない

**2** じっけん1　クリップをつけてみる

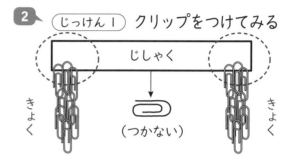

きょく　　じしゃく　　きょく

（つかない）

**3** けっか1　クリップは

じしゃくの両(りょう)はしに多くついた

＝

引きつける力が強いところ

＝

「きょく」（2か所）

POINT　丸型磁石など，磁石の形を変えて極があるか無いかを調べさせるのもよいでしょう。

## 1 磁石の，鉄を引きつける力に違いがあるか，あるならどの場所が強いか予想する

T　磁石が鉄を引きつける力は，場所によって違いがあるのでしょうか。棒磁石で考えましょう。

C　どの場所も力は同じだと思います。

C　強いところと弱いところがあると思います。

T　では，自分の予想を棒磁石の図に色で表してみましょう。引きつける力が強いと思うところは色を濃く，弱いと思うところは薄く塗ってみましょう。

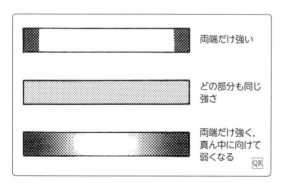

両端だけ強い

どの部分も同じ強さ

両端だけ強く，真ん中に向けて弱くなる

児童に予想を発表させる。上の3つの塗り方が考えられる。

## 2 棒磁石にクリップをつけてみる実験をして確かめる

T　それでは実験をして確かめてみましょう。鉄でできている小さなクリップを使います。磁石のいろいろなところにつけてみて，そのつき方を調べます。

（各自で実験）

C　はしっこばかり，たくさんつくなあ。

C　真ん中にはつかないね。真ん中にクリップをつけても落ちてしまうよ。

T　今度はグループになって，クリップの入った箱に磁石を入れてクリップがどこにどのくらいつくか見てみましょう。

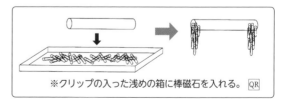

※クリップの入った浅めの箱に棒磁石を入れる。

最初の実験と同様に，クリップは両端（はし）にだけつくことを確かめる。

**QR**

・画像

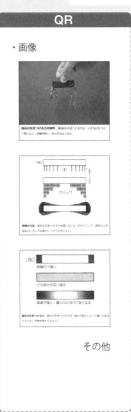

その他

**4** 〈Uがたじしゃくにも「きょく」はあるだろうか〉

じっけん2

クリップがつくところがきょく

きょく

つかない

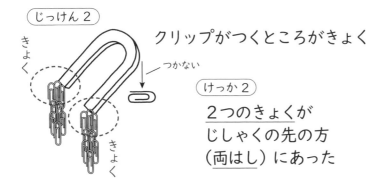

けっか2

2つのきょくが
じしゃくの先の方
（両はし）にあった

きょく

きょく

〔まとめ〕

・じしゃくの両はしは鉄を引きつける力が強い

・そこを「きょく」という

・きょくにはNきょくとSきょくがある

---

**3 実験の結果を発表し, わかったことをまとめる**

T　では, 実験結果を発表しましょう。

C　クリップは磁石の端にたくさんつきました。

C　真ん中には全然つきませんでした。

C　磁石についたクリップに, またクリップがつきました。

T　この結果からどんなことがわかりましたか。

C　棒磁石は, 両端が引きつける力が強くて, 真ん中は引きつける力がないということです。

T　そうですね。磁石の引きつける力が強いところは両端だということがわかりましたね。このように, 磁石の力が強い部分のことを磁石の極といいます。「極」というのは, 「はし」「はしっこ」という意味です。だから, 1本の磁石に, 極は2つあるといえます。そして, 磁石のはしに「N」「S」と書いてあるように, それぞれN極, S極とよんでいます。

**4 U型の磁石にも極はあるのかを調べる**

T　磁石の極はU型磁石にもあるでしょうか。どう思いますか。

C　U型磁石でも同じだと思います。

C　U型磁石は形が違うのでわかりません。

T　U型磁石にも極があるか, 先ほどのクリップを使って調べてみましょう。

（各自で実験）

T　結果はどうでしたか。

C　U型磁石でも端っこにクリップがたくさんついて, 極が2か所あることがわかりました。

T　そうですね。U型磁石でも磁石の力が強いところは両端でしたね。この性質は, 磁石の形や大きさが変わっても同じです。そして, U型磁石にもN極とS極があります。

# じしゃくのきょくどうしを近づけると どうなるか調べよう

本時の目標　2本の磁石の極を近づけると，違う極どうしでは引き合い，同じ極どうしでは退け合うことがわかる。

板書例

〔問題〕　じしゃくのきょくどうしを近づけると
　　　　　どうなるのだろうか

〔同じきょくを近づけると〕　　　　〔ちがうきょくをちかづけると〕

**1**
**2**　よそう （　　　　　　　　　　）　　　　よそう （　　　　　　　　　　）

| S | N | ←→ | N | S |

（　しりぞけ合う　）　　　　　　　　（　　引き合う　　）

よそう （　　　　　　　　　　）　　　　よそう （　　　　　　　　　　）

| N | S | ←→ | S | N |

（　しりぞけ合う　）　　　　　　　　（　　引き合う　　）　QR

POINT　極のわからない磁石の極を予想させるときには，試してみたことと，その結果を根拠に説明させるとよいでしょう。

## 1　「磁石の極どうしを近づけるとどうなるか」という課題を確かめる

T　磁石は鉄を引きつけました。では，磁石は磁石を引きつけるのでしょうか。

T　磁石の極には，N極とS極がありましたね。磁石の極どうしを近づけるとどうなるでしょう。N極とS極で違いはあるのでしょうか。

C　磁石は鉄を引きつけるのだから，磁石も鉄でできているから，磁石どうしでも引き合うと思います。

C　N極もS極も両方とも極だから，引き合う。

C　前に磁石どうしを近づけたとき，引きつけるときとそうでないときがあったよ。

T　では，実験の準備をしましょう。

〈実験準備〉

磁石が動きやすいように磁石の下にストローを敷いておく。ストローの代わりに発砲スチロール板にのせるなど，やり方は教科書に応じて行うとよい。

## 2　磁石の極どうしを近づけたときの磁石の動きを予想する

T　磁石には，N極とS極があります。2つの磁石を近づけるときは，次のように極どうしの組み合わせ方を変えて調べてみましょう。

〈2本棒磁石の極を近づけると，どうなるだろうか〉

・同じ極どうしを近づける（N極にN極／S極にS極）
・違う極どうしを近づける（N極にS極／S極にN極）

←手で近づける

① N極にN極
② S極にS極
③ N極にS極
④ S極にN極

図を見て，磁石と磁石は引き合うのかどうかを児童に予想させ，話し合う。

<table>
<tr><td rowspan="2">準備物</td><td>・棒磁石</td><td>・ストロー</td></tr>
<tr><td colspan="2">・N, Sの書いていない棒磁石 (アルニコ磁石)</td></tr>
</table>

<table>
<tr><td>ICT</td><td>磁石の極を近づけた様子の動画を見せ, 自分たちの結果と同じであることを確認させましょう。</td></tr>
</table>

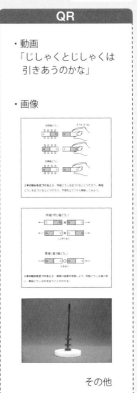

**QR**

・動画
「じしゃくとじしゃくは
引きあうのかな」

・画像

その他

**3**
**4**
〔まとめ〕

・NとNやSとS…同じきょくは, しりぞけ合う
（おし合う）

・NとS…ちがうきょくは, 引き合う

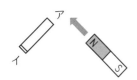
考えよう アのきょくがNかSかわからないとき,

→ じしゃくのNを近づけてみて

引きつけたらアは（S）きょく

はなれたら　アは（N）きょく

---

**3** 磁石の極と極どうしを近づけるとどうなるか, 実験して確かめる

T それでは, 片方の棒磁石の下にはストローを敷き, もう片方の棒磁石は手で持って近づけて磁石の動きを確かめましょう。(グループ実験)

T 実験の結果を発表しましょう。まず, N極どうしを近づけるとどうなりましたか。

C お互い離れて, 逃げていくみたいでした。

T S極どうしを近づけると？

C 押し合うように退け合いました。

T N極とS極を近づけると？

C 引き合いました。引っ張られるみたいにしてくっつきました。逆にしても同じでした。

T 磁石どうしを近づけると, 引き合うときと離れて逃げていくときがありました。この, お互い離れていく様子を『退け合う』といいます。また,『押し合う』ともいえますね。

**4** 実験の結果からわかったことをまとめる

T では, この実験の結果を「引き合う」と「退け合う」という言葉を使ってまとめましょう。

C N極とS極は引き合いました。

C N極とN極, S極とS極は退け合いました。

T 磁石の違う極どうしは引き合い, 同じ極どうしは退け合うことがわかりましたね。

T では, もしN極かS極かわからない磁石があったとき, 調べたいときはどうしますか？

C その磁石に極のわかっている磁石を近づけて, 引き合うか退け合うか調べるとわかります。

N・S表示のない棒磁石の極を調べてみせる。

【発展実験】

表と裏がN極とS極になっているドーナツ形磁石を同極どうしが接するように棒に差し込むと, 退け合って宙に浮くことになる。

S極 ←  → N極

N極
S極
N極

板書例

〔問題〕　じしゃくを自由に動けるようにすると，
　　　　　どのようになるのだろうか

1
2　　よそう
3　　・ぐるぐる回る
　　　・きまった向きになる

じっけん
（水にうかべる）

自由に
動いて

やがて
止まる

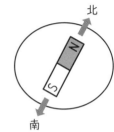

北

南

けっか
・いつも同じ向きになる
・Nきょくは北を，Sきょくは南を向いて止まった

〔まとめ〕　じしゃくを自由に動けるようにするとNきょくは
　　　　　　北を向き，Sきょくは南を向く

POINT　事前に方位磁針が正しい方位を指すか確認しておきましょう。（正しく無い場合はQR内の動画を見て直しましょう。）

## 1　磁石を自由に動くようにするとどうなるか予想する

T　磁石の極にはN極とS極がありましたね。今日は，この2つの極に何か違うところがあるのか，また，N極とS極とを区別しているのはどうしてかについて調べてみましょう。

T　磁石を水に浮かべて自由に動けるようにします。やり方は，まず，洗面器（水槽）に水を入れて発砲スチロールの板を浮かべます。棒磁石をその板の上にのせて浮かべると，どのようになるでしょうか。予想しましょう。

C　ずっとぐるぐる回っている…かな。

C　決まった方向を向いて止まると思います。

　　実験方法を説明。磁石はのせる前に予想させる。ここでは，予想の根拠は問わなくてもよい。

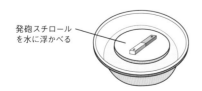

発砲スチロール
を水に浮かべる

## 2　磁石が南北を指して止まる様子を観察する

T　それでは実験して確かめましょう。磁石の動きをゆっくり観察しましょう。（グループ実験）

T　実験の結果を発表しましょう。

C　初めはぐるぐる動いて最後は止まりました。

T　では，どの方向を向いて止まっているでしょうか。方位磁針を使って調べましょう。

　　方位磁針を磁石に近づけすぎないように注意。

C　南と北の方を向いて止まっています。

C　N極が北，S極は南を指していました。

T　では，もう一回，今度は磁石を東西に向けて手を離してみましょう。（グループ実験）

C　ゆっくり動いて，また南と北を向きました。

※右の図のように，
つるして実験する
ことも考えられる。

| 準備物 | ・棒磁石<br>・洗面器か水そう<br>・小さい釘 | ・発泡スチロール<br>・方位磁針 |
| --- | --- | --- |

| ICT | 磁石を水に浮かべた様子の動画を見て，自分達の結果と比較させましょう。 |
| --- | --- |

**4** 〈ほういじしんもじしゃくだろうか〉

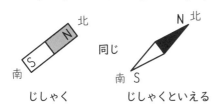

じしゃく　　同じ　　じしゃくといえる

（どちらも）
・南北をさして止まる
・鉄を引きつける

〈どうして北と南をさすのだろうか〉

地きゅうも
大きなじしゃく

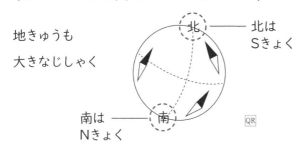

北は
Sきょく

南は
Nきょく

QR

---

### QR

・動画
「じしゃくを自由に
動かすと」
「方位磁針の極を直す
方法」

・画像

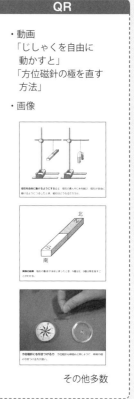

その他多数

---

## 3 磁石を使うと南北の方位がわかる

T　では，この実験からわかったことはどんなことでしょうか。まとめてみましょう。

C　磁石を自由に動けるようにすると，同じ方向を向いて止まりました。それは北と南でした。

C　磁石のN極は北で，S極は南を指して止まることがわかりました。

T　磁石を自由に動けるようにすると，N極は北を向き，S極は南を向いて止まる性質があるのです。ということは，自由に動く磁石を使うと南北の方位がわかるのですね。そして，これを利用して，持って歩けるようにしたものが方位磁針です。実は方位磁針も磁石なのです。

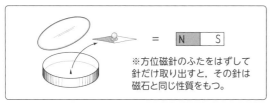

= N　S

※方位磁針のふたをはずして針だけ取り出すと，その針は磁石と同じ性質をもつ。

## 4 方位磁針の針も磁石だということを確かめる

T　方位磁針も磁石だとすると，方位磁針も他の磁石と同じように鉄を引きつけるでしょうか。

C　方位磁針は方位を指すだけのものだから，鉄を引きつける力はないと思います。

C　方位磁針も磁石だから鉄を引きつけると思う。

T　では，方位磁針から針だけ取り出して，小さな釘に近づけてみましょう。

ホチキスの針でもよい。
または，教師が鉄粉をつけて見せる。

小さい釘など

C　小さな針が方位磁針の針のはしについた。

C　釘はN極にもS極にもくっつきました。磁石と同じです。

T　方位磁針も磁石だとわかりましたね。

T　では，どうしてN極が北を指すのかというと，地球も大きな磁石といえるからです。

教科書などを読み「地球も磁石」と説明する。

# じしゃくにつけた鉄はどうなっているのか調べよう

磁石につけた鉄や，磁石の近くに置いた鉄は磁石になることがわかる。

---

板書例

〔問題〕 鉄(てつ)をじしゃくにつけると，
　　　　その鉄もじしゃくになるのだろうか

**1**

**2** 問題1　上の鉄くぎをじしゃくからはなすと，下のくぎはどうなるのか

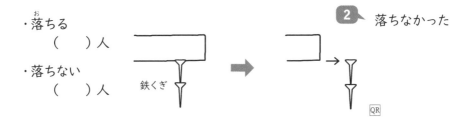

・落(お)ちる
　　（　　）人

・落ちない
　　（　　）人

鉄くぎ

**2** 落ちなかった

QR

**3** 問題2　じしゃくにつけた上のくぎは，じしゃくになったのだろうか

小さな
くぎ（鉄）を
引きつける

Nきょく(エヌ)とSきょく(エス)が
できて引き合う
じしゃくになっている

---

POINT これまでに学習したことを活かして，極の有無や，鉄を引きつけるのかなど，自ら調べようとしている児童を見つけ，

---

## 1 磁石に2つついた釘の，上の釘を離すと下の釘はどうなるか，予想する。

T　磁石に鉄でできた2本の釘がつながってついています。上の釘を離すと下の釘はどうなるでしょうか。予想してみましょう。

　　問題場面を教師が演示する。児童に予想と，そう考えたわけもあわせて発表させる。

C　上の釘を離すと磁石の力がなくなるので，下の釘が落ちると思います。

C　上の釘が離れていても磁石の力が残っていて，下の釘は落ちないと思います。

T　棒磁石と2本の釘を使って実験しましょう。

（各自で実験）※教師実演で見せるときは磁石をスタンドにとりつけてもよい。（アルニコ磁石を使うとよい）

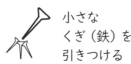

磁石から釘を離すと

N

下の釘は落ちる？
落ちない？ QR

## 2 上の釘が磁石になっていることを確かめる方法を考える

T　実験の結果はどうなりましたか。

C　上の釘を磁石から離しても，下の釘がついたままでした。

T　ということは，上の釘が磁石になっているということになりますね。上の釘が磁石になっていることはどうしたら確かめられるでしょう。その方法を考えてみましょう。

C　その釘に方位磁針を近づけたらいいと思います。釘が磁石になっていたら，釘の方へ方位磁針の針がくるっと動くと思います。

C　その釘に別の釘とか，ホチキスの針など，鉄でできたものを近づけてみたらいいと思います。釘が磁石になっていたらくっつくと思います。

C　発泡スチロールに乗せて水に浮かべてみたらわかると思います。南と北を指すと思います。

T　いろいろな方法で確かめられそうですね。

| 準備物 | ・棒磁石　　・大きい鉄釘（1本）<br>・小さい3cm程度の鉄釘（2本）<br>・方位磁針　・ごく小さい針, 砂鉄など | ＩＣＴ | 釘を磁石から外す前のイラストを提示し, その後どのような結果になるのか予想させましょう。 |
| --- | --- | --- | --- |

**QR**

・画像

その他多数

**4**
[問題3]

## じしゃくのそばにおいた鉄（くぎ）は, じしゃくになるのだろうか

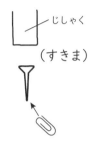

じしゃく

（すきま）

クリップはくっつく
鉄（くぎ）はじしゃくに
なっている

〔まとめ〕
・じしゃくにつけた 鉄
・じしゃくのそばにおいた 鉄
・じしゃくでこすった 鉄

}

じしゃくに
なる

価値づけましょう。

## 3　釘は磁石になっているのかを実験し, 確かめる

Ｔ　では, まず, 方位磁針を使った実験で確かめてみましょう。

　釘を近づけて方位磁針の動きを観察させる。釘の向きも変えて実験する。

Ｔ　方位磁針の針の様子はどうでしたか。
Ｃ　釘を近づけたら方位磁針の針が動いて, 釘の向きを変えると針の向きが反対になりました。
Ｔ　この結果から, どんなことがわかりましたか。
Ｃ　釘が磁石になっていることです。磁石になった釘にもＮ極とＳ極がありました。
Ｔ　そうです。鉄の釘は磁石につけると磁石になることがわかりましたね。
Ｔ　次は, この釘を小さな釘に近づけてみましょう。

　方位磁針の実験と同様に予想させ, 実験で確かめる。他の実験方法でも確かめるとよい。

## 4　磁石の近くに置いた鉄は磁石になっているのかを実験し, 確かめる

Ｔ　今度は磁石につける鉄釘を少し離しておいてみましょう。

　スタンドにアルニコ磁石と鉄釘を取りつける。

Ｔ　鉄釘にクリップを近づけると, クリップはつくでしょうか。
　予想させ, 教師実験で確認。

スタンド付
アルニコ磁石

あける

鉄釘

クリップを近づける

Ｃ　クリップは, 鉄釘につきました。
Ｃ　鉄釘は, 磁石になっています。磁石のそばに置いただけで, 鉄は磁石になりました。
Ｔ　強い磁石だと, つけなくても近くに置くだけで鉄を磁石にすることができるのですね。
Ｔ　また, 鉄は磁石でこすっても磁石にすることができるのです。

　教師実験で見せる。教科書を読み合ってもよい。

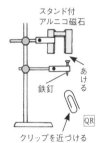

同じ向きに
5, 6回こする

# じしゃくを使ったおもちゃを作ろう

磁石の性質を利用した遊び道具（おもちゃ）を作ることができる。

---

**1** **め** じしゃくを使ったおもちゃを作ろう

**2** （１）パクパクワニ

- ①ワニの絵をかいて切りぬく
- ②下あごを作り切りぬく
- ③下あごをとりつける
- ④上あごと下あごに じしゃくをつける
- ⑤あいた口にじしゃくを 近づける

QR

**3** （２）ミツバチブンブン

- ①あつ紙にお花畑（はなばたけ）の絵をかく
- ②あつ紙のうらにじしゃくを ４こつける
- ③あつ紙を切りミツバチの 絵をかく
- ④あつ紙をおりまげあなを あけて糸をとおす
- ⑤あつ紙にじしゃくをのせる
- ⑥じしゃくをテープでとめる

QR

板書例

※とりつける磁石の向きは，下の〈作り方〉を参照。

**POINT** ものづくりだけで終わるのではなく，磁石のどの性質を利用したのかを表現させ，学びを深めさせましょう。

---

## 1 磁石を使ったおもちゃについて話し合う

T 今日は，磁石の性質を利用したおもちゃを作ります。どんなおもちゃがあるかな。

C 魚の絵にクリップをつけて，糸に吊した磁石で魚釣り遊びをしたことがあります。

C 紙に描いた人の顔に砂鉄をのせて，裏から磁石で動かしたら，砂鉄がひげみたいになる。

T 楽しそうですね。そのような遊びは，磁石のどんな性質を利用しているでしょう。

C 磁石が鉄を引きつけるという性質です。

T そうですね。他にもN極とS極が引き合ったりする性質を利用したおもちゃも作れます。

T 今日は次の２つのおもちゃの作り方を紹介しますので，どちらか１つを作ってみましょう。

## 2 「パクパクワニ」の作り方を知り，作ってみる

T １つ目は『パクパクワニ』です。このようにえさを近づけると，ワニの口がパクッと閉まります。（見本で説明）

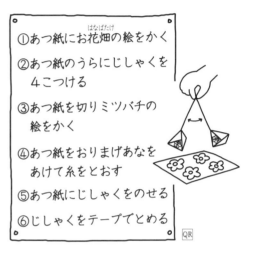

〈作り方〉
- ① 厚紙にワニの絵を描いて色を塗り，切り抜く。
- ② 厚紙で下あごになる部分を作り，切り抜く。
- ③ 下あごをワニの体にテープで留める。
- ④ 上あごと下あごに丸型磁石を両面テープで留める。 （NとN，またはSとSが向き合うように）
- ⑤あいた口に棒磁石を近づける。

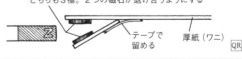

どちらもS極。2つの磁石が退け合うようにする

テープで留める　厚紙（ワニ）

QR

T 棒磁石のどの極を近づけると，ワニの口は閉じるでしょうか，または，大きく開くでしょうか。いろいろためしてみましょう。

<table>
<tr><td rowspan="2">準備物</td><td>・厚紙　・色鉛筆　・はさみ　・たこ糸</td></tr>
<tr><td>・セロハンテープ　　・両面テープ<br>・丸型磁石(2〜5)両面に極があるもの<br>・棒磁石</td></tr>
</table>

<table>
<tr><td>I<br>C<br>T</td><td>おもちゃ作りの例を送り，おもちゃ作り<br>への意欲を高めましょう。</td></tr>
</table>

---

**QR**

・画像

その他多数

---

**4** 〈おもちゃはじしゃくのどんなせいしつを
りようしたのだろうか〉

〔ワニの口がとじる〕

・じしゃくのＮきょくとＳきょくは 引き合うせいしつ

〔ワニの口がひらく〕〔ミツバチがうごく〕

・じしゃくのＮきょくとＮきょくはしりぞけ合う，
ＳきょくとＳきょくもしりぞけ合うせいしつ

---

**3** 「ミツバチブンブン」の作り方を知り，
作ってみる

Ｔ　2つ目は『ミツバチブンブン』です。ミツバチが
花の上をゆらゆら飛び回ります。

〈作り方〉

① 表側　　② 裏側

① 厚紙を四角に切り，お花畑
の絵を描く。
② 厚紙の裏に丸型磁石を4
個，テープでとめる。(磁
石は，上側がN極かS極
か揃えて全部同じ向きに
する)
③ 厚紙を図1のように切り，
△の所にミツバチの絵を描く。

③ 図1

④ 厚紙を図2のように折り曲
げ，上端に穴を開けてたこ糸を通し，結ぶ。
⑤ 厚紙の図2の所に丸型磁
石を乗せ，どの向きに乗
せたらミツバチが飛ぶか調
べる。
⑥ ミツバチが飛ぶ向きがわ
かったら，丸型磁石をテー
プで留めて遊ぶ。

④⑤ 図2

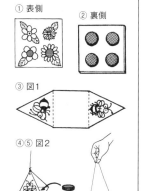

QR

Ｔ　作れたら，遊んでみましょう。

---

**4** 磁石のどの性質を利用したおもちゃなの
かを話し合い，まとめる

Ｔ　どうでしたか。うまく作れて遊べましたか。では，
これらのおもちゃは，磁石のどんな性質を利用した
ものか説明してみましょう。

Ｃ　ワニの口は初め開いたままでした。そのときは丸形
の極が同じ極どうしだったからです。

Ｃ　ワニの口に棒磁石を近づけて口が開いたままだっ
たのは，棒磁石の極も同じ極だったからです。反対
に，ワニの口が閉まったのは，棒磁石の極が違う極で，
ワニの口の磁石が引きつけられたからだと思います。

Ｃ　ミツバチがうまく飛んだのは，お花畑の磁石とミツ
バチの磁石の極が同じ極どうしで退け合ったからで
す。

Ｔ　今日のおもちゃは磁石のＮ極とＳ極の性質を利用
したおもちゃでしたね。また，自分でいろいろなお
もちゃを考えて作ってみましょう。

## チョウを育てよう（モンシロチョウのたまご）

名前

月　日

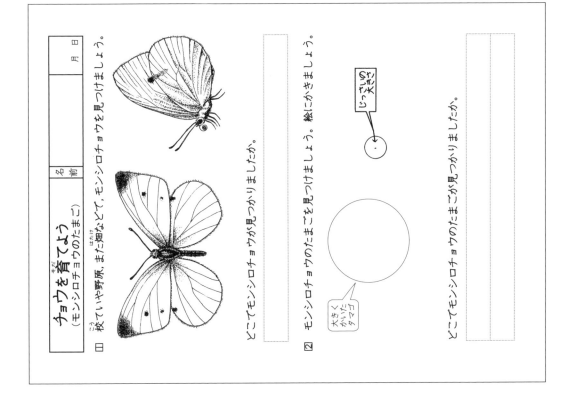

□ 校ていや野原、また畑などで、モンシロチョウを見つけましょう。

どこでモンシロチョウが見つかりましたか。

② モンシロチョウのたまごを見つけましょう。絵にかきましょう。

大きくかいたタマゴ

じっさいの大きさ

どこでモンシロチョウのたまごが見つかりましたか。

## アゲハ・モンシロチョウの育ち方（成虫の体）

名前

月　日

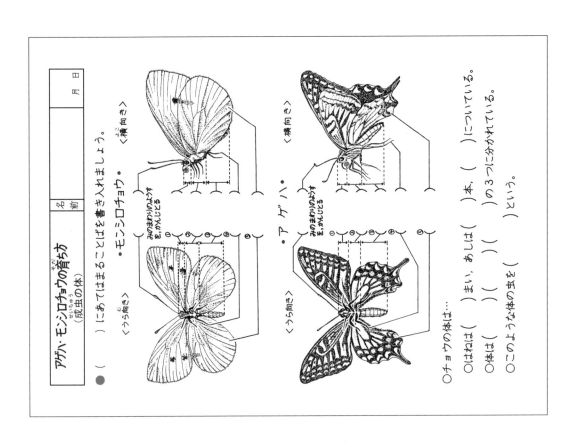

● （　）にあてはまることばを書き入れましょう。

モンシロチョウ　<横向き>　<うら向き>

アゲハ　<横向き>　<うら向き>

みのまわりのようすをかんさつ

○チョウの体は…

○はねは（　）まい、あしは（　）本、（　）についている。

○体は（　）（　）（　）の3つにわかれている。

○このような体を（　）という。

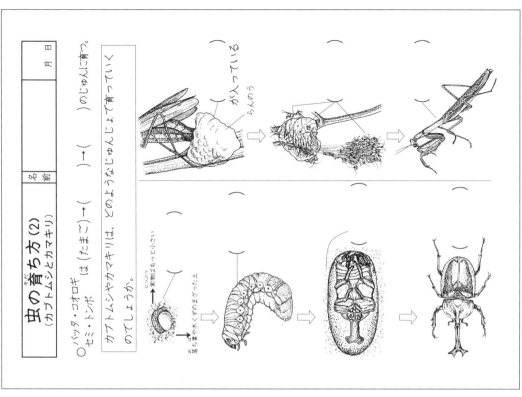

# 虫の育ち方 (2)
## (カブトムシとカマキリ)

名前　　月　日

○バッタ・コオロギ・セミ・トンボ は（たまご）→（　　）→（　　）のじゅんに育つ。

カブトムシやカマキリは、どのようなじゅんじょで育っていくのでしょうか。

らんのう
が入っている

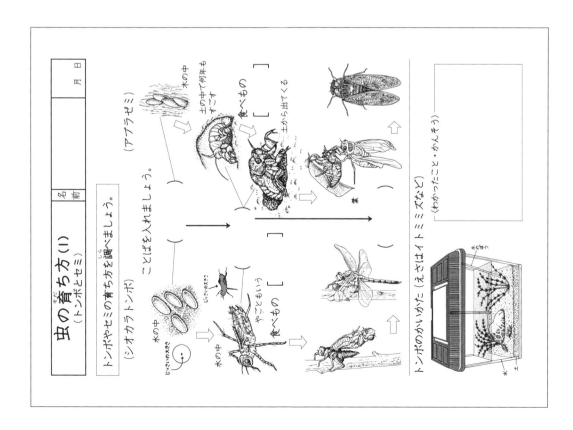

# 虫の育ち方 (1)
## (トンボとセミ)

名前　　月　日

トンボやセミの育ち方を調べましょう。

（シオカラトンボ）　　　　（アブラゼミ）

ことばを入れましょう。

木の中
木の中で何年も
すごす
食べもの　［　　］
土から出てくる

水の中
やごともいう
食べもの　［　　］

トンボのかいかた（えさはイトミミズなど）　（わかったこと・かんそう）

## じしゃくの学習
[じしゃくにつくもの]

名前　　　　　　　　　

月　日

○みのまわりにあるもののうち、どのようなものでつくられているかをみながら、じしゃくにつくもの・つかないものをよそうしてみましょう。じしゃくにつくものに○、つかないものに×を（　）の中にかきましょう。

①くぎ（鉄）　②1円玉（アルミ）　③チョーク　④ガラスのコップ　⑤けしゴム

⑥アルミホイル　⑦ビニールぶくろ　⑧クリップ　⑨紙

⑩アルミかん　⑪竹ぐし　⑫かなづちのあたま　⑬10円玉（銅）

⑭画びょう　⑮木　⑯スチールかん　⑰はさみのは　⑱プラスチックのしたじき

---

●けっか

①〜⑱のものをじしゃくを使って、つくものに○、つかないものに×をつけましょう。

| | | |
|---|---|---|
| ①くぎ（鉄） | ②1円玉（アルミ） | ③チョーク |
| ④ガラスのコップ | ⑤けしゴム | ⑥アルミホイル |
| ⑦ビニールぶくろ | ⑧クリップ | ⑨紙 |
| ⑩アルミかん | ⑪竹ぐし | ⑫かなづちのおたま |
| ⑬10円玉（銅） | ⑭画びょう | ⑮木 |
| ⑯スチールかん | ⑰はさみのは | ⑱プラスチックのしたじき |

●けっかからわかったこと

○まとめ

●みのまわりのもののうち、じしゃくにつくものは、ほかにはないだろうか。さがしてみましょう。

| | | |
|---|---|---|
| ① | ② | ③ |
| ④ | ⑤ | ⑥ |
| ⑦ | ⑧ | ⑨ |
| ⑩ | ⑪ | ⑫ |
| ⑬ | ⑭ | ⑮ |

名前

月　日（　）

絵にかいてみよう

〈気づいたこと〉

---

名前

月　日（　）

絵にかいてみよう

〈気づいたこと〉

# 参考文献一覧 (順不同)

「新しい理科」3 年（東京書籍）

「小学理科」3 年（教育出版）

「たのしい理科」3 年（大日本図書）

「みんなと学ぶ小学校理科」3 年（学校図書）

「わくわく理科」3 年（啓林館）

「理科教科書指導書 3 年」（啓林館 東京書籍）

「学研の図鑑」植物（学習研究社）

「学研の図鑑」昆虫（学習研究社）

「手づくりあそび」ゴトー孟（保育社カラーブックス）

「カイコ」岸田功 かがくのアルバム（あかね書房）

「最新小学理科の授業 3 年」（民衆社 ）

「かがく遊び」実野恒久（保育社）

「理科年表」（丸善 出版事業部）

「岩波科学百科」岩波書店編集部編（岩波書店）

「山渓カラー名鑑 日本の野草」林 弥栄編（山と渓谷社）

「山渓カラー名鑑 日本の樹木」林 弥栄編（山と渓谷社）

「なぜなぜはかせのかがくの本 14 ヒマワリのけんきゅう」小林 実 ( 国土社 )

「科学のアルバム ヒマワリのかんさつ」叶沢 進（あかね書房）

「昆虫」2010 年増補改訂版　編集人佐藤幹夫（学研教育出版）

# 著者紹介 （敬称略）

## 【著　者】

### 中村　幸成

元奈良教育大学附属小学校　主幹教諭
元奈良教育大学　非常勤講師

主な著書
「1時間の授業技術（6年）」（日本書籍）（共著）
「改訂版まるごと理科3年～6年」（喜楽研）
「5分理科教科書プリント3年,5年,6年」（喜楽研）


### 平田　庄三郎

元京都府公立小学校教諭
元同志社小学校　非常勤講師（理科専科）
元科学教育研究協議会京都支部支部長
乙訓理科サークル会員

主な著書
「改訂版まるごと理科　3年～6年」（喜楽研）
「おもしろ実験・ものづくり事典」（東京書籍）


### 横山　慶一郎

高槻市立清水小学校　主幹教諭
CST（コアサイエンスティーチャー）
Google認定教育者

主な著書
「わくわく理科（3年～6年）」（令和6年度 啓林館）（共著）


## 【撮影協力】

谷　哲弥

横山　慶一郎


## 【初版　著者】（五十音順）

岡　敏明

園部　勝章

谷　哲弥

中村　幸成

野村　治

平田　庄三郎


## 【新版　著者】（五十音順）

園部　勝章

谷　哲弥

中村　幸成

平田　庄三郎

松下　保夫

*2024年3月現在

喜楽研の QR コードつき授業シリーズ

## 改訂新版
### 板書と授業展開がよくわかる
# まるごと授業　理科　3 年

2024 年 3 月 15 日　　　第 1 刷発行

細　密　画： 日向 博子
イラスト： 日向 博子　山口 亜耶 他
著　　者： 中村 幸成　平田 庄三郎　横山 慶一郎
企画・編集： 原田 善造（他 10 名）
編　　集： わかる喜び学ぶ楽しさを創造する教育研究所　長谷川 佐知子

発 行 者： 岸本 なおこ
発 行 所： 喜楽研（わかる喜び学ぶ楽しさを創造する教育研究所：略称）
　　　　　〒 604-0854　京都府京都市中京区二条通東洞院西入仁王門町 26-1
　　　　　TEL　075-213-7701　FAX　075-213-7706
　　　　　HP　https://www.kirakuken.co.jp
印　　刷： 創栄図書印刷株式会社

ISBN : 978-4-86277-447-7　　　　　　　　　　　　　　　Printed in Japan